日本人だけが知らない「終戦」の真実

【大活字版】

松本利秋

はじめに――世界は必ずしも八月十五日を「終戦」としていない！

日本の「終戦」にまつわる不思議

今年は戦後七〇周年を迎える。われわれ日本人の常識では、先の戦争にまつわる終戦の記念日は八月に決まっているが、実はロシア（旧ソ連）では対日戦勝利は九月、中国（中華人民共和国）でも戦勝記念日は九月三日と定められている。

では、日本人が信じる一九四五年八月十五日とは何か。そもそもこの日は「終戦の日」なのか「敗戦の日」なのか。あくまでも、八月十五日は天皇が大日本帝国軍人と国民に対して、武器を置き敵対行為をやめるように命じたもので「休戦」宣言した日だと言えよう。さらに言えば、この日に終わったとされる戦争は「大東亜戦争」なのか「太平洋戦争」なのか。

日本は大東亜戦争の主旨を、西欧列強の植民地にされているアジアの同朋を救い、五族協和を訴えたが、それに照らし合わせれば、満州事変から始まる中国大陸での対中国戦争は、中国はアジアではないとしない限り合理性がなくなる。

太平洋戦争は、真珠湾攻撃から始まり原爆投下で幕引きとなった対米戦争のことで、日本はアメリカに負けたのである。当時は成立もしていない中華人民共和国とは戦争をしていないから、日本は現在の中国に対して敗戦国とはなり得ないという考え方が成り立つ。

だが、不思議なことに、八月十五日の玉音放送では「米英支蘇（ソ連）四国共同宣言」となっている。ソ連がポツダム宣言に名を連ねたのは対日宣戦をした八月九日以降で、最初からポツダム宣言に参加していないのだ。さらに、ポツダム宣言は正式な手続きで発布され、通達されたものではなく、日本政府が天皇の名で公式化したものと考えられるのだ。

その後、ＧＨＱ（連合国総司令部）の命令を、日本政府が議会を通さず法令化するために「ポツダム勅令」としてポツダム宣言の名が使われ、新憲法が施行されると、そのことを「ポツダム政令」と呼び、日本人の間でポツダム宣言が定着していったのである。

「終戦」がもたらした戦後世界の不思議な状況

歴史的事実を調べてみると、八月十五日前後で起きていたことは、かなり曖昧であったことが判明しつつある。例えば、天皇の終戦の詔勅によって戦意を喪失した日本軍に向けて、ソ連は八月十五日以降に大攻勢を仕掛け、対日戦の戦勝国として振る舞うためにできるだけ日本の権益を奪い取ろうとしてきたこと。またシベリアに抑留させる日本兵の数を増やすため、戦争を長引かせて時間を稼ごうとしたことなどからすれば、ソ連の戦後は八月十五日から始まったのではないことがわかるだろう。

さらには、日本が正式に降伏した一九四五年九月二日の、米戦艦ミズーリ上での降伏調印文書の署名も、乱暴に訂正されたものが正式文書として日本側に残されるなど、敗戦に焦点を絞れば、実に奇妙なことが浮かんでくる。

日本と同盟を結び、アメリカやイギリスに宣戦布告したタイ国は、敗戦国として扱われていない。また、日本やドイツと同盟し、枢軸国の中心的存在として戦いに挑んだイタリアも、戦争が終わった時には連合国側に立っていた。その上に、戦勝国として、日本とドイツに戦時賠償を求めてきたのである。

ドイツは国家としての敗戦を許されず、国家は連合軍に解体され消失した。従って、現在のドイツは、戦争の当事者であったドイツとは何の継続性もない新国家で、ドイツが戦争に対して謝罪できない理由はそこにある。ユダヤ人に対しては謝罪をし、巨額な賠償金を拠出したが、国家対国家としての謝罪は一切ないのである。

国家として敗戦を受け入れ、法的契約として降伏した日本と、ドイツの敗戦はまったく違うのだ。このことを誤解して捉え、戦後ドイツは謝罪したが、日本は謝罪していないと言い募る勢力が存在している。サンフランシスコ講和会議では各国とも賠償金請求をしなかったが、戦後の日本政府はさまざまな形で謝罪をし、経済援助やＯＤＡ（政府開発援助）という形で賠償を行なっている。それは世界第二位の経済大国になった中国に対して、いまだにＯＤＡが続けられるという極めて異常な状況となっている。

戦後の歴史は冷戦構造を基調として推移し、朝鮮半島では激しい戦闘が起きた。これが日本の経済的復興に繋がった反面、日本国内に米軍基地の存在を許し、日本国憲法をはじめ、いわゆる「戦後レジーム」なるものが、現在まで七〇年続いているのである。

本書は、二一世紀の日本が直面している重大な問題のルーツが、一九四五年八月十五日にあることを再確認し、今後の問題解決の糸口を探ろうとするものである。本書が戦後の日本と世界の起点となった日から現在までを見通し、未来を切り開くための発想に繋がる一助となれば筆者にとって望外の喜びである。

二〇一五年七月

国士舘大学政経学部政治学科講師　松本利秋

日本人だけが知らない「終戦」の真実●目次

第四章　現在の日中関係の原点は終戦のカタチにあった

第五章　アジアの解放、独立、建国にいたる日本の影響

終章　今も残る第二次世界大戦の長い影

序章

戦後の諸問題の根源は「終戦」にあった

ミズーリ艦上での日本の全権団

中学校で英語が義務教育にされた本当の理由

降伏調印式でマッカーサーが仕掛けた演出

一九四五年九月二日、天皇の命により、横浜港に停泊中の戦艦ミズーリ艦上へ向かったのは、日本政府を代表する外務大臣重光葵《しげみつまもる》、終戦連絡中央事務局長官岡崎勝男《おかざきかつお》、軍を代表した梅津美治郎《うめづよしじろう》参謀総長など一一名である。艦上を埋め尽くさんばかりの米兵が、好奇の目でニヤニヤと日本の全権団を見下ろしていた。

調印会場のあるデッキに上がると、日本側の代表団を威圧するために、身長が一八〇センチ以上の大柄な兵士が並べられていた。そして刺すような視線の中で、粛々と調印の儀は執り行われていった。

重光外相はシルクハットにモーニング姿の正装であったが、ＧＨＱ（連合国総司令部）

の最高司令官であるダグラス・マッカーサーは、ポケットに手を突っ込んだままという傲《ごう》岸《がん》さである。連合国側はマッカーサーのほか、合衆国代表、中華民国代表、イギリス代表、ソ連代表、オーストラリア代表、カナダ代表、フランス代表、オランダ代表、ニュージーランド代表たちが控えていた。

マッカーサーは、降伏調印の舞台を調えるのに知恵を絞ったとされている。例えば、ミズーリの甲板を二枚の星条旗で飾っていた。星条旗の一枚は真珠湾攻撃時にホワイトハウスに翻っていたもので、もう一枚は一八五三年の黒船来航時にペリーの艦隊が掲げていたものであり、九〇年越しの勝利として日本に屈辱を与えた。二枚の星条旗は、ホワイトハウスからはるばる三日かけて運ばせたものであった。

米戦艦ミズーリ甲板に飾られた
ペリーが掲げた31星の星条旗

実を言うと、マッカーサーは調印式に臨むにあたって極度に緊張していたのだ。調印式は午前九時に開始の予定だったが、彼は八時四〇分にはすでに会場に到着していた。そして、九時の開始までの間、何度も洗面所で嘔吐して落ち着かなかったという。

重光代表の足が不自由なことを考慮して、ハッチから乗船して調印場所までの歩む時間を何度も計らせて調印のスケジュールのシミュレーションを行なった。そして八時五六分に日本代表団を乗せた船をミズーリに横付けさせたが、予定よりも二分遅れて九時二分に式が開始され、一〇分間のマッカーサーの演説を含め、九時二六分に調印式は無事終了した。この調印式は二三分間にわたって世界中にラジオ放送されていた。

マッカーサーは調印式に当たって六本の万年筆を準備し、その万年筆を取り替えて文書に署名した。ダグラス・マッカーサーの署名を三本の万年筆で書き、正副二枚の署名で六本を使用したという。

その万年筆は、マッカーサーがフィリピンからオーストラリアに脱出後、コレヒドール要塞で自分に代わって指揮を執ったウェンライト中将に、シンガポールで降伏したイギリス軍のパーシバル中将に、ウェストポイント陸軍士官学校とアナポリス海軍兵学校にそれぞれ一本ずつを贈り、妻のジェーンと自分に一本ずつを残した。妻への万年筆は、連合国側の控えの文書に署名した自分のアーサーの名前の部分で使用したという。

降伏調印文書は署名欄にミスがある不備なものだった

降伏文書は正副二通作成され、各調印者は二枚の文書に署名をした。ところがカナダ代表コスグレーブ大佐が署名する際、自国の署名欄ではなく一段飛ばしたフランス代表団の欄に署名してしまった。だが次の代表のフランスのルクレール大将はこれに気付かず、オランダ代表の欄に署名。続くオランダのヘルフリッヒ大将は間違いには気付いたが、マッカーサーの指示に従って渋々とニュージーランド代表の欄に署名した。ニュージーランドのイシット少将も指示に従って署名し、最後のカナダ代表は空欄に署名した。

米戦艦ミズーリの甲板で降伏調印をする重光全権代表。右は随行の加瀬俊一

この時、重光外相に随行した岡崎勝男が、降伏文書の不備に気付いた。マッカーサーが去った後の刺すような視線の中、岡崎は勇気を奮って不備を指摘した。これに対して、マッカーサーの参謀長であるリチャード・サザーランドは、面倒くさ

そうに横線を引いて訂正したのである。

日本側はこれを理由に、マッカーサーを呼び戻し、調印式をやり直すように強硬に主張することができたのかもしれない。だが日本全権団は、大男たちの米兵に取り囲まれて見つめられ、威圧するような雰囲気から一刻も早く逃れたいという気持ちが働いていたのだろう、訂正された文書を受け取り、その場を離れた。この無残で見苦しい文書が、公式文書として日本に残ってしまったのである。

ＧＨＱは英語を中学の義務教育に押し付けた

九月二日の降伏調印式は、まったく礼を欠いた調印式であったが、マッカーサーの本当の横暴は、この後に待っていた。「三布告」がそれだ。

三布告とは、一九四五年九月二日、降伏調印式のあったまさにその日の午後四時過ぎ、ＧＨＱから通達された、日本占領政策の最初の布告である。

この布告は、降伏調印の日の翌日の九月三日午前一〇時に公表されることになっていた。その内容は、司法、立法、行政の三権をマッカーサーの管理下に置き、日本国の公用語を英語とするという布告第一号に始まって、第二号では日本の司法権をＧＨＱの支配下に置き、降伏文書およびＧＨＱからの布告や指令に反した者は軍事裁判にかけられて、死刑を含む処罰を受ける。そして布告第三号では、日本円を廃してＢ円と呼ばれる米軍軍票を日本の法定通貨にするというものであった。

これでは軍政が敷かれるのと同じことになってしまう。何よりも日本の降伏は、ポツダム宣言で言う無条件降伏という契約を受け入れたものであり、統治権は日本に存在していた。国家が存在しない状態で征服されたドイツの降伏とは違ったものなのだ。

この点からしても、布告第一号で記された三権のＧＨＱ支配は受け入れられるものではない。しかも、有無を言わせるスキを与えず、伝えたという既成事実を作るためだけのもので、これが日本側に通達されたのは公布のわずか一四時間前であった。

そのわずかな時間の間に、この「三布告」を決死の覚悟で止めた人物がいた。調印式において文書の不備を指摘した岡崎勝男であり、外務大臣の重光葵であった。

布告を突き付けられた東《ひがし》久邇宮《くにのみや》内閣は、緊急閣議を開き、外務官僚で終戦連絡中央事務局長官の岡崎勝男を横浜に急行させた。

岡崎がマッカーサーの宿泊先であるホテル・ニューグランドに駆けつけたのは深夜一二時を回っていた。ホテルの周りは警戒が厳重で、悪くすれば警護の兵士に疑われ、不測の事態もあり得ただろうが、岡崎は中に入ることができマーシャルと会談を行なった。

岡崎は終戦後の八月十九日に、連合軍と降伏手続きの打ち合わせのため、河辺虎四郎《かわべとらしろう》参謀次長の随員としてマニラに飛び、マッカーサーの参謀たちと協議を重ねており、参謀長のサザーランドとは面識があった。さらに午前中のミズーリ艦上で行なわれた降伏調印式で、敗戦国の使節でありながらも、書類の不備を堂々と指摘したことが、マーシャルの印象に強く残っていたこともあったのだろう。マーシャルは日本側の言い分をマッカーサーに伝えることを約束したという。

内閣からは重光葵外務大臣が総司令部に赴き、マッカーサーとの交渉に臨むこととなった。九月三日午前一〇時半頃、重光とマッカーサーの対談が始まり、重光はこの布告は天皇制の維持と政府機能を認めているポツダム宣言に反するとし、日本政府は軍政を敷くことに反対するとマッカーサーに伝えた。そして、日本国民も政府を信頼していることを切り出した上で、日本政府は行政上の問題が生じても、軍政下では日本政府がタッチできないので、混乱が巻き起こる可能性を指摘し、三布告は受け入れがたいと主張した。

マッカーサーは、日本を破壊したり国民を奴隷にすることは考えていないとし、軍政の施行は中止となったのである。もし、三布告が実施されていたら、日本人は現在では英語を話し、ドルを使っていたかもしれないのだ。

戦後の混乱の中でも、日本国の将来を見据え、このように勇気ある行動を執った人物がいたことは、不幸中の幸いと言えるだろう。

その後、一九四七年に六・三制の新しい義務教育制度ができ、新制中学がスタートしたが、英語が義務教育の中に組み入れられたのである。

現在と違って、当時の中学生の周辺に進駐軍以外に外国人はおらず、英語を使う機会はほとんどなかったにもかかわらず、英語を義務教育として学習しなければならなくなったのはなぜか。明確な理由は示されていないが、筆者の知る限り、進駐軍が取り消した三布告の一つである「英語の公用語化」が、アメリカの意志として義務教育の中で生き残ったものだとすれば、辻褄の合う理由の一つになるのかもしれない。

第二次世界大戦は勝利者アメリカの「いい戦争体験」だった

戦争で暗い恐慌時代を終わらせたと感じたアメリカ人

スタッズ・ターケルが一三〇人を超えるインタビューをまとめ、ピューリッツァー賞受賞作品となった『良い戦争』（中山容他訳・晶文社）に、こんなコメントがある。

「当時（第二次世界大戦中）は、誰もが今の自分よりも重要な自分という自覚があったな。今やっていることより、はるかにいいことに参加しているって感じだ」。

この元米軍伍長の言葉に、日本人として奇妙な印象を受けるのは私だけではないだろう。もちろん、この本には戦争に対する苦汁に満ちた告白も収められているが、この本に登場するアメリカ人の大半は、第二次世界大戦を、明るい時代として語っている印象が強い。

事実、第二次世界大戦はベトナム戦争と違ってアメリカ国民の圧倒的な支持を受け、戦時国債は次々と捌け、増税への反対もなく、インフレも存在しなかった。数百億ドルの資金が戦争に投入されたが、国民の消費生活には何らの変化もなく、むしろ逆に一九三九年から一九四五年にかけての、一人当たりの実質消費は一一%も上昇している。統計を見ると、アメリカでは大恐慌時代の一九三〇年代よりも、戦争に突入した一九四〇年代の方が、より多くの大砲とバターを同時に増産しているのだ。

増産体制に入ったアメリカの産業界

一九三八年当時、女性も含めて、わずか三三万三〇〇〇人弱の兵力しかなかったアメリカが、やがて一〇〇〇万におよぶ兵力を動員し、大恐慌で休業していた工場が息を吹き返し、開戦と同時に白人も黒人も、男も女も手を取り合って働き、戦車、戦闘機、空母、爆撃機を作るためフル操業に入り、生産性の上昇はかつてないほど目覚ましかった。

戦争は暗く絶望的な恐慌時代を終わらせ、人間社会や組織の連帯感と共同意識を高め、自殺や犯罪、アルコール中毒などの社会的病理を減少させ、「国家の健康」を回復させた。言わば贅肉を削ぎ落としたシェイプ・アップ効果をもたらしたのだった。

アメリカ人にとって第二次世界大戦は、卑劣な黄色い野郎どもが仕掛けてきた騙し討ちで、やむなく立ち上がった正義の自衛戦争であり、ヨーロッパで荒れ狂うファシズムの野蛮と暴虐から西欧文明と民主主義を守る聖戦であった。

女性のピンナップを壁一面に貼った兵舎で、カードゲームに興じる米兵たち。規律の厳格な日本軍では考えられない光景だ

大雑把な言い方をすれば、日本の真珠湾攻撃後、アメリカのキャンパスから学生の姿はほとんど消え、身体健全な若者で軍に志願しない者は、女性から相手にされなかった。若いGIたちはアメリカの戦争を象徴するようなジープに乗り、世界中の野山を颯爽と駆け巡ったのである。

それに対して日本では、いったい何人の学生が心の底から第二次世界大戦を大東亜共栄圏創設のための聖戦と信じ、進んで軍隊に志願したであろうか。出陣学徒たちの手記を集めた『きけわだつみのこえ』（岩波書店）や、特攻隊員の遺書などからは、明るく希望に満ちた文章はほぼ皆無と感じる。

空襲で全土が焼け野原になったことで、さらに精神的荒廃に陥った日本人の戦後とは対照的に、アメリカ人はハイテンションのまま戦後を迎えたのである。

「冷戦体制」はアメリカの戦時経済を維持させた

問題は、アメリカのこのような戦争体験の特殊事情を、戦後も持続させる結果となってしまったことである。第二次世界大戦中の戦争経済があまりにもうまくいったため、アメリカは戦争が終わっても、すぐに平時経済に移行できなかったのだ。

この原因の一つとして、第一次世界大戦後、すぐに平時経済に移行したため、大恐慌に陥ったという苦い経験がある。第二次世界大戦後はその反省を踏まえたことも挙げられるが、より大きな原因は、戦争中のアメリカの産業自体が、戦時動員システムの中に組み込まれていたことにある。

戦争中、アメリカでは二六〇億ドルもの資金が、新規プラントや産業施設（その三分の二が政府の施設）に投入されたが、戦争終結によってそれらの軍事生産施設は二足三文の捨て値同然で大企業に売却された。全米の大手企業の二五〇社がそのプラントの七〇％以上を獲得したのである。

これは、大手企業が恒久的な防衛産業に組み込まれたことを意味した。その結果、企業は稼働率を高めるために、政府に軍事費の増大を求めるようになる。軍事費を増やすためには、新たな仮想敵が必要となり、その敵国はソ連だ。こうしたアメリカ国内態勢の構図が「冷戦体制」を作る要因になったと言えよう。

アメリカの産業政策を主導したペンタゴン

冷戦という準戦時体制においては、必然的にペンタゴン（アメリカ国防総省）の存在がクローズ・アップされてくる。ペンタゴンは冷戦中、全米の研究開発費のほぼ三〇％、政府助成研究費の八〇％以上を提供してきた。一九七七年には、航空機産業の研究開発費の七〇％、通信技術開発費の四八％を出し、その他にも、宇宙開発、半導体などの先端技術に多額の資金を注ぎ込んでいる。

こうしたペンタゴンの産業政策が、国内企業の操業率を高めていたのである。これら軍主導の先端技術開発は、新しい産業分野を次々に作り上げていった。例えば、ソ連とのミサイル開発競争の一環として、一九六〇年代に人間を月に送り込む「アポロ計画」では、周辺部品も含めて数百万におよぶ部品の精度を高品質に保ちながら、それを正確に組立てて巨大ロケットを月にまで飛ばし、帰還させるという「システムエンジニアリング」という概念を作り出した。

そしてインターネット通信は、キューバ危機の時、ケネディ大統領が、核ミサイルを積んだソ連の輸送船をブロックするアメリカ艦隊と直接連絡を取れるように組み上げたものが基礎になっている。パソコンやモバイルなど、宇宙開発技術からスピン・オフしたさまざまな技術が、現在のわれわれの生活に欠かせない基礎技術となっているのだ。

原子力発電を担う原子炉は、元はと言えば原爆を開発する「マンハッタン計画」で、爆弾の材料となるプルトニウムを製造するために開発されたものだ。その実用炉として開発されたのが、世界初の原子力推進潜水艦「ノーチラス号」に積載されたのである。

冷戦下、アメリカ製兵器の巨大マーケットと化した日本

こうした軍主導の産業政策は、一九六〇年代に参戦したベトナム戦争で、アメリカ経済を再び活性化させたが、ベトナム敗戦によるショックから萎《しぼ》んでしまうという道をたどる

ことになる。ベトナム戦争でピークを迎えたアメリカ経済は、ベトナム撤退後凋落し失業率が増大、麻薬などがはびこり、社会的病理が進行した。

この時期、アメリカの兵器調達費は四四〇億ドルから一七〇億ドルにまで激減している。そんな低迷した七〇年代を経て、八〇年代にレーガン大統領が登場する。レーガン政権は軍拡を主張し、併せてベトナム特需が終わって疲弊したアメリカ経済を、産軍複合体の活性化によって、再び甦らせるスローガンを立てたのである。

レーガン政権は「戦争経済体制＝冷戦体制」を強力に打ち出し、ソ連を「悪の帝国」と悪しざまに罵り、対決姿勢を鮮明にしたのである。そして「冷戦激化」を根拠に、日本に軍備増強を迫ってきた。その狙いは経済発展を続ける日本に対し、貿易摩擦の要因となっている自動車などの輸出増大をあきらめる見返りとして、日本をアメリカ製兵器の巨大なマーケットにすることだったと言えよう。

その当時の日本政府は、老朽化が進む国産のＦ１戦闘機に代わる次期支援戦闘機の自主開発を進めていたが、アメリカは強硬に、アメリカ製F16戦闘機を押し付けてきたのである。さまざまな紆余曲折の末に、日米共同開発というところに落ち着き、Ｆ16戦闘機を母体にして、日本の技術を盛り込むことになったのである。

当時、自衛隊の戦闘機選定基準は、安全上の問題からエンジンが二基あることを絶対条件としていたが、これはアッサリとひっくり返り、エンジン一基のF16でも良しとしてしまった。つまり、アメリカがそれだけ強硬に迫ってきたということだろう。

さらに、当時、日本の防衛費はGNP（国内総生産＝当時の経済指標）一％と定められていたが、一九八七年に楽々と突破してしまったのは、アメリカの国内産業政策と無縁ではない。

このように、第二次世界大戦直後に始まった冷戦の起源は、アメリカの経済政策と密接な関連があったのである。

日本が国連安保理常任理事国になれない本当の理由

戦勝国ではない中華人民共和国が国連の常任理事国になる矛盾

日本が国際連合に加盟したのは一九五六年である。以来延々六〇年にわたって、国連外交を政策の重要な柱としてきたことは、多くの日本人の間で常識となっているだろう。

例えば、国連加盟各国の分担金と負担金の割合を見ても、日本の国連への期待は一目瞭然だ。二〇一五年一月から十二月までの国連通常予算で、日本の分担金は概算三五六億円（全体の一〇・八三％）。また、二〇一四年七月から二〇一五年六月までの国連平和維持活動（ＰＫＯ）予算分担金は一一一二億円（一〇・八三％）で、二つのカテゴリーとも、アメリカに次ぐ第二位である。アメリカを除く国連安保理（国際連合安全保障理事会）常任理事国であるイギリス、フランス、ロシアよりも多いのだ。

国連の機構には世界遺産を決めるものから、難民救済を司る機構までさまざまあるが、中でももっとも重要なのが安全保障理事会である。ここは常任理事国五ヵ国と非常任理事国一〇ヵ国で構成され、非常任理事国は二年ごとに選挙で選ばれる。

現在の常任理事国は、アメリカ、イギリス、フランス、ロシア（ソ連から継承）、中華人民共和国（中華民国から継承）の五ヵ国である。この五ヵ国は国連の行動を決定する基本的な権限を持っており、安保理の行動決定に拒否権を発動できる特別の権限がある。安保理は全会一致が原則のため、常任理事国が一ヵ国でも反対すれば成立しないのだ。

この五ヵ国の中で、中華人民共和国を除いた四ヵ国は第二次世界大戦の戦勝国である。国連発足時に安保理常任理事国であった中華民国は、アメリカ、イギリスの援助を受けながら中国大陸内で日本軍と戦っていたが、グローバルな作戦展開ができる状況ではなかった。にもかかわらず、アメリカやイギリスと共に、日本に対するポツダム宣言の正式な提唱国として、重要な国家として扱われた。

これには、当時の日本がこの戦争を「大東亜戦争」と呼び、戦争の目的を欧米列強の植民地支配からアジア諸国を解放すると定め、侵略国である欧米に対抗する反植民地戦争としていたことにある。事実、アジア各地で民族主義による反植民地・独立闘争を担っていた各国の代表が、日本のアジア主義イデオロギーに賛同し、義勇兵を組織して日本に協力していた。そのためアメリカとイギリスは、このイデオロギーを変換させるために、対日戦においては中華民国をことさら持ち上げる必要があった。

現実には、日本はアジア解放と言いながら、中国への侵略戦争を戦っているにすぎない。このようなファシズム体制を撲滅するために、アメリカとイギリスは中国と共に日本と戦っているという論理の下で、戦争を民主主義対ファシズムの戦いという構図とするために、中華民国を名目上でも重要視する必要があったのである。

そのため対日戦争で戦勝国になったのは中華民国であり、当時は存在すらもしていない中華人民共和国ではない。国連発足が、戦勝国が結束する場として誕生したものであるから、中華民国に替わって中華人民共和国が常任理事国になる理由は見つからないのだ。

第二次世界大戦の連合国である「国連」

日本による真珠湾攻撃で、第二次世界大戦への参戦を決めた、アメリカのルーズベルト大統領の戦争目的は明快だ。ヨーロッパやアジアを席巻する大国の出現阻止である。旧世界内部に留まる紛争には大きな関心はないが、大陸を制覇して、太平洋、大西洋を越えてアメリカに侵攻できるような強大国の出現を許さないということだ。

アメリカは戦後の世界に権力政治を復活させる考えを持たず、「大西洋憲章」（一九四一年）で、戦後世界を民主主義と国際法に基づく新たな国際システムに作り替えることが戦争の目的であると宣言する。この宣言の下で築かれる世界は、アメリカの現実的な利害でもあった。つまり、民主主義の実現を理念として建国されたアメリカにとって、世界を自国に似せた姿に作り替えることが最大の安全保障だった。それは共産主義理念の実現のために誕生したソ連が、戦後、衛星国家群の建設に固執したのと同じ行動原理だとも言える。

ドイツ軍がポーランドに侵攻した三ヵ月後の一九三九年十二月、この時期にはまだアメリカは参戦していないが、アメリカ国務省は外交問題顧問委員会を立ち上げて、戦後世界の在り方についての研究を開始した。

戦後世界の具体的な構想は経済面が先行した。アメリカ国務省は自由貿易に基づく開放的な戦後資本主義経済秩序を立案し、一九四四年七月のブレトン・ウッズ会議で、後の世界銀行となる国際復興開発銀行（ＩＢＲＤ）と国際通貨基金（ＩＭＦ）の発足を合意した。これは国際間の決済はドル建てで行なうというもので、現在でも基本原則となっている。

国際連合構想の具体化は一九四三年頃だ。国際連合構想は民主主義と法の支配に基づき、州と連邦政府で構成されるアメリカの国家制度を世界に拡大し、アメリカの国家理念を戦後世界の普遍的な原理として確認するものにほかならない。国連本部がニューヨークに設置されたのも同じ発想である。

アメリカの構想を基に、一九四四年八月のダンバートン・オークス会議でアメリカ・イギリス・ソ連・中華民国の四ヵ国の大筋合意が成立。翌一九四五年四月からのサンフランシスコ会議で、民族自決や主権の平等を掲げた国連憲章が完成した。

国際連合の英語名UNITED NATIONSを素直に日本語訳すれば、「連合国」で、戦時同盟国と同じであり、そこには連合国の団結を戦後も維持し、アメリカ方式での国際秩序維持を図るとの発想があった。これを「国際連合」とするのは、平等で平和的なニュアンスを醸し出す、日本独特の言い回しだ。しかし、国連の実体は日本のこのような言い回しとはかけ離れたもので、このことを如実に示すのが敵国条項と言われるものである。

国連憲章にある「敵国条項」はまだ生きている!

国際連合憲章中にある敵国条項の第53条、第77条1項b、第107条に「第二次世界大戦中に連合国の敵国だった国が、戦争により確定した事項に反したり、侵略政策を再現する行動などを起こした場合、国際連合加盟国や地域安全保障機構は、安保理の許可がなくとも当該国に対して軍事的制裁を課すことを容認し、この行為は制止できない」としている。

これらの条文には、敵国が敵国でなくなる状態についての言及はなく、その措置についてもなんら制限を定義していない。そのため旧敵国を永久に無法者と宣言するに等しいとされ、旧敵国との紛争について旧連合国である国連加盟国は、平和的に解決する義務すら負わされていないとされている。つまり、敵国が起こした軍事行動に対しては、話し合いなどは必要なく、有無を言わせず、軍事的に叩き潰してもよいということである。

国際連合憲章第2章では、主権平等の原則を謳っており、第53条第1項前段では、地域安全保障機構の強制行動・武力制裁に対し、安保理の許可が必要であるとしている。しかし、第53条第1項後段の安保理の許可の例外規定と、第107条の連合国の敵国に対する加盟国の行動の例外規定では、平等の規定は適用されず、「敵国」が侵略政策を再現すると戦勝国が判断した場合は、国連の許可などなくとも任意に軍事的制裁ができるとしており、平等を唱えている国連憲章の基本趣旨に著しく矛盾していることは明らかだ。

ではいったい敵国は、どのように定義されているのか。第53条第2項では「本項で用いる敵国という語は、第二次世界大戦中にこの憲章のいずれかの署名国の敵国であった国に適用される」としているが、具体的にどの国がこれに該当するかは明記されていない。つまり、一九四五年のサンフランシスコ会議で成立した国連憲章に署名したアメリカ、イギリス、フランス、ソ連、中華民国を含む五一の原加盟国である第二次世界大戦の連合国に、敵対していた国を指すとする説が有力である。

日本政府の見解では、枢軸国つまり大日本帝国（現日本国）、ドイツ国（現ドイツ連邦共和国）、イタリア王国（現イタリア共和国）、ブルガリア王国（現ブルガリア共和国）、ハンガリー王国（現ハンガリー）、ルーマニア王国（現ルーマニア）、フィンランド共和国がこれに該当すると解釈している。

一方、タイ王国も連合国と交戦した国だが、この対象に含まれていない。またオーストリアは当時ドイツに、大韓民国と朝鮮民主主義人民共和国は日本にそれぞれ併合されていたが、旧敵国には含まれないという見方が一般的である。

これらの点からすれば、戦勝国とは一九四五年の国連憲章成立時に署名した国に限定されることになり、この時国家としてさえ存在していなかった中華人民共和国と韓国・北朝鮮は戦勝国としての資格を持っていないことになるのだ。

一九九五年の第五〇回国連総会では、憲章特別委員会勧告による旧敵国条項の改正・削除が賛成一五五、反対〇、棄権三で採択され、日本政府にとって懸案であった同条項の削除が正式に約束された。ただし憲章改正は安全保障理事会五ヵ国を含む加盟国三分の二以上に批准された上での発効となっており、これらの国が批准するかどうかは各国の自由である。さらに安保理改革問題との関連もあるため、改正にはまだかなりの時間を要すると見られている。

「敵国条項」を持ち出し日本を牽制する中国

ともあれ、敵国条項は「死文化している」として、敵国とされた国以外にはあまり関心がないとも言え、実際の国連活動には支障がないとされているが、昨今の状況はこのような見方を許さなくなってきている。戦後七〇年を、ファシスト日本に勝利した戦勝記念として、大々的にアピールする中国の存在がそれである。

二〇一二年九月二十六日（日本時間二十七日）、安倍首相は国連での演説で、尖閣諸島周辺の領海に中国公船が侵入を繰り返したことを念頭に「主義主張を一方的な力や威嚇を用いて実現しようとする試み」などと批判した。これに対し、中国外務省の秦剛《チンガン》報道局長は、暗に日本を非難する談話を出した。

さらに、秦局長は二十七日昼の記者会見で、安倍首相の演説について「(第二次世界大戦の) 敗戦国が戦勝国の領土を占領するなど、もってのほかだ」などと日本を名指しで非難する長文の談話を発表した。

つまり、中国は国連の場で、暗に「敵国条項」を意識した発言をしたのである。国際海洋法などの国際法をことごとく無視する中国が、七〇年前のこの条文を持ち出してきたことが、中国らしいと言えば中国らしい。戦勝国の資格のない中国が、国連の常任理事国である限りいつでも敵国条項を持ち出して、日本の国連安保理常任理事国への就任の道を閉ざす口実とするだろう。

死文化しているとされる敵国条項だが、未だに削除されていない。日本は敵国であるため戦争はもとより国際紛争を解決する手段として武力行使は認められていない。日本国憲法でも、第9条で明文規定している。

この状態の下、つまり日本が敵国のままで、集団的自衛権行使容認の憲法解釈変更を閣議決定し、平和維持活動(ＰＫＯ)の枠を越えて、多国籍軍に参加したり、あるいは国連平和維持軍(ＰＫＦ)に参加したりすることは、論理的には敵国条項に真っ向から衝突することになる。

第一章

第二次世界大戦の敗者と勝者 それぞれの思惑

知床から遠望できる国後島

ポツダム宣言受諾とソ連対日参戦の舞台裏

八月十五日は日本国民にポツダム宣言受諾を公表した日

多くの日本人には、ポツダム宣言受諾の玉音放送があった一九四五年八月十五日が、連合国に対して無条件降伏したとの認識があるが、実は、東京湾上に浮かぶ米戦艦ミズーリの甲板上で、日本の降伏調印式が行なわれた一九四五年九月二日が、日本の降伏と同時に第二次世界大戦の事実上の終結を意味している。

近代の国際ルールである国際法上の常識に照らせば、日本は八月十四日に、連合国に対して「ポツダム宣言」受諾を通告する措置を執り、翌日にそれを内外に交付したということであり、八月十五日の時点で、日本は国家として正式に無条件降伏をしたことにはなっていないのである。

国際法からすれば、降伏とは戦闘行為を終了させるための制度の一つであり、契約的性格を帯びているということが重要である。言い換えれば、降伏は双方の合意によって成立し、それには例え勝者であっても拘束されるのである。従って、契約である以上、一方の申し入れだけでは成立しない。

ポツダム宣言は一九四五年七月二十六日、ドイツのポツダムで開かれた会議で日本に対する戦争の終結条件が策定され、アメリカ、イギリス、中国（中華民国）の三国の宣言として公表された。

それを知った日本政府は、天皇の地位が明確にされていないことなどから、これを黙殺した。しかし、その後、八月六日の広島、八日にはソ連からの宣戦布告を受け、九日の長崎への原爆投下で、ついに受諾を決定したのであった。

従って八月十五日での、天皇の「終戦の詔勅」は、連合国側からポツダム宣言受諾の申し入れがあり、それを受け入れたことを公表したにすぎず、それを天皇がラジオ放送を通じて直接国民に広く伝えたのである。

さらに言えば、この玉音放送のもう一つの目的は、軍人としての行動規範を示した戦陣訓の「生きて虜囚の辱を受けず」という一節が、前線の日本軍兵士に広くいきわたっていることから、大元帥としての天皇が全兵士に休戦を命じ、その後の連合軍による武装解除などをスムーズに進行させることにあった。

このポツダム宣言受諾の決定は、国家間の約束としての終戦とは違う。国際法では主体と客体は共に主権国家である。従って主権平等、主権絶対という原則が前提となっている。ポツダム宣言などの国際条約は、厳密な法的手続きを踏まなければ締結されたことにはならないのだ。

日本の敗戦を知った日本国民は、不甲斐なさを天皇に詫びた

従って日本国の降伏が成立するのは、一九四五年九月二日に米・英・中・ソを含む九ヵ国との降伏文書への署名が行なわれ、直ちに発効した時点に他ならない。つまり八月十五日は、全戦線において日本軍全将兵が、天皇の命令に従って武器を置き、休戦した日である。

しかし、日本全土がB29の無差別爆撃で焦土と化し、食料もなく、絶えず空襲による死の恐怖にさらされている現状からすれば、表面上はともあれ、日本人の心の奥底には、どんな形態であっても一刻も早く戦争が終わればいいとする厭戦気分があり、八月十五日で戦争が終結したと思い込むのは自然の感情であった。だから多くの日本国民は八月十五日の真の意味を知らず、九月二日をほとんど考慮に入れていないのが常態であろう。

だが、諸外国では様相がまるで違う。例えばアメリカはトルーマン大統領が、九月二日の調印終了の報告を受けて、九月二日を対日戦勝利の日（ＶＪデー）にすると全米向けラジオ放送で伝えている。フランスでは九月二日にパリの凱旋門で対日戦終了の記念式典が開かれ、中国でも「抗日戦争戦勝記念日」を九月三日に定めている。九月二日ではなく三日としたのは、事実はどうであれ、現政権である中国共産党が、独自に日本軍を打ち負かして中華人民共和国建国を樹立したという、建国神話を強調したいためだと思われる。

諸外国とは違ってほとんどの日本人の間に、八月十五日が降伏の日という認識があったのは事実である。そのため日本人の意識の中では八月十五日から九月二日までの間、空白の一八日間が生じた。この間に、現在まさにビビットな問題となっている多くの深刻な事態が引き起こされた。その最大の事件はソ連による千島列島の占領である。

ポツダム宣言の署名はトルーマンの偽造か

一九四五年七月十六日、ソ連の最高指導者スターリンは、第二次世界大戦の戦後処理を話し合うため、ベルリン郊外のポツダムに向かった。スターリンは、このポツダム会談の五ヵ月前には、ヤルタで当時のアメリカ大統領ルーズベルトと、ドイツが降伏した三ヵ月以内に対日参戦をするとしていた。そして、その見返りとして日本の持っていた満州その他極東での、領土や権益を得るという密約をしていた。スターリンの目的は、ルーズベルトの死亡後に、副大統領から大統領に昇格したトルーマンに会ってヤルタの密約を確認し、対日参戦の見通しを付けることだった。

翌十七日正午、スターリンはアメリカ代表団の宿舎を訪ね、トルーマンと面会する。この時スターリンは、八月中旬までにソ連が対日参戦することを伝えた。あくる十八日には、返礼としてソ連の代表団宿舎を訪ねてきたトルーマンに、スターリンは日本から送られた極秘の親書の写しを手渡した。それは、日本がソ連を通じて終戦を模索していることを示す、天皇からの書簡だった。

当時の日本とソ連は、日ソ中立条約を結んでおり、一九四六年の四月まで有効だった。

そのため日本政府は、ソ連の仲介を得て、連合国との和平工作を進めようとしていたのだ。トルーマンは七月二十四日の会議が終わった後、スターリンに近づき「われわれは、とてつもない破壊力をもつ新兵器を手にしました」と囁いた。この新兵器とは、アメリカが実験に成功したばかりの原爆のことだった。

この頃、モスクワの日本大使館は、東京からの指示に従い和平工作を続けていた。七月二十五日、モスクワの佐藤尚武《さとうなおたけ》大使は、天皇の側近近衛文麿《このえふみまろ》の特使派遣について、再度ソ連に受け入れを要請していた。佐藤はこの成否が日本の運命を決めると考えていたが、ソ連側は何の回答もしなかった。

アメリカの外交記録によると、その頃ポツダムでは、極東におけるそれぞれの国の、海軍や空軍の行動領域をどう設定するかが話し合われていた。その時に設定された軍事境界線は、朝鮮半島から日本海を通り、宗谷海峡までの線の北側がソ連、南がアメリカ。さらに境界線は、ベーリング海にも引かれている。しかし、千島列島のあるオホーツク海に関しては、米ソ共同の行動領域とするとした。この時点でソ連は、アメリカとの共同作戦でありながらも、千島列島に進攻する際の根拠を手に入れたのである。

二十六日の夜、スターリンは驚愕の知らせを受ける。それは一九四五年七月二十六日早朝にアメリカ、イギリス、中華民国の名前で、対日降伏勧告のポツダム宣言が、アメリカの戦時情報局（ＯＷＩ）を通じて、各国の通信社やラジオで発表されたのだ。これは中立国の大使館を通じて、正式な文書として日本政府に提示されたものではない。

アメリカは、ソ連に事前の相談もなくポツダム宣言を作成しただけではなく、宣言が発せられたベルリン郊外のポツダムには、中華民国の蔣介石総統が参加していない。イギリスのチャーチル首相も、当時は選挙に敗れて首相ではなくなり、本国に帰還せねばならなかったのだ。従って、この二人はポツダム宣言には署名できず、正式に署名できるのはアメリカのトルーマン大統領だけであった。この状況から、チャーチルと蔣介石の署名はトルーマンが偽造したとも言われている。

ソ連には打診もなく、しかもスターリンがこれを知ったのは、記者団から内容が知らされた後のことだった。このためソ連は、アメリカから対日参戦要請を受けることができず、ヤルタ密約の確認もできないままにポツダム会談を終えたのだった。

ソ連は一方的にポツダム宣言に参加した

ソ連は独自のポツダム宣言を出して、日本に突きつけようとしたが、結局は成功せずに終わっている。このままでは日本との戦争の主役から外され、対日参戦の成果が得られない可能性がある。スターリンは、一刻も早く日本と戦闘状態に入り、既成事実を作っておかねばならないと焦っただろう。

八月五日、ポツダムから帰ったスターリンは対日参戦準備を急がせ、八月五日には満州から五〇キロの地点に部隊を集結させ、命令一つでいつでも戦闘に入る準備が整った。

八月六日、アメリカによって広島に原爆が投下される。そして、八月七日には、スターリンのもとに、日本の佐藤大使が外相モロトフに面会を申し込んできたという知らせが舞い込んできた。日本は、原爆を投下された後も、ソ連の調停に希望を繋ぎ、まだ降伏の意思のないことが確認された。ここで、スターリンは、対日参戦の指令書に署名し、その作戦開始予定日は八月九日とした。

八月八日午後五時、佐藤大使はモロトフに面会するためにクレムリンを訪れた。モロトフはソ連政府がポツダム宣言に参加する旨を伝え、日本に対する宣戦布告文を読み上げた。この時、ソ連を頼りに和平条約を求めてきた日本は、ソ連から突き放されたのである。ソ連は米・英・中三国が発したポツダム宣言に一方的に加入することで、日ソの中立条約を破棄して、参戦することを正当化したのである。

佐藤大使とモロトフ会談から一時間後の八月九日未明。ソ連極東軍は、国境を越え満州の日本軍への攻撃を開始する。その一〇時間後、二発目の原爆が長崎に投下された。二発の原爆とソ連参戦によって、日本政府はついに降伏に傾く。

南サハリンの豊原（ユジノ・サハリンスク）には多くの日本人が居住していた

八月十四日、日本は米・英・中が発したポツダム宣言を受諾、これを受けて、アメリカは停戦命令を出す。しかしソ連は攻撃の手を緩めず、南樺太、千島の進攻を開始。この時点では、ヤルタの密約で約束された領土は、まだソ連の支配下にないからだ。

八月十五日以降、日・米・英・中は作戦行動を中止し、武器を置いて休戦状態に入った。この一点を取り上げても、ソ連が樺太や北方領土を軍事的に占領する根拠は失われる。

ソ連に北海道占領を諦めさせた占守島の自衛戦

ソ連軍がサハリン島（樺太）北部から、日本領である南部へ攻撃を始めたのは一九四五年八月十一日である。日本軍は頑強な抵抗を見せたが、八月十六日にはソ連軍が国境線を超えて南サハリンに侵入する。日本軍は自衛のために激しく抵抗したが、激戦の末についに十八日に降伏。ソ連軍がサハリン全土を占領したのは八月二十五日になっていた。

ソ連軍の満州への侵攻

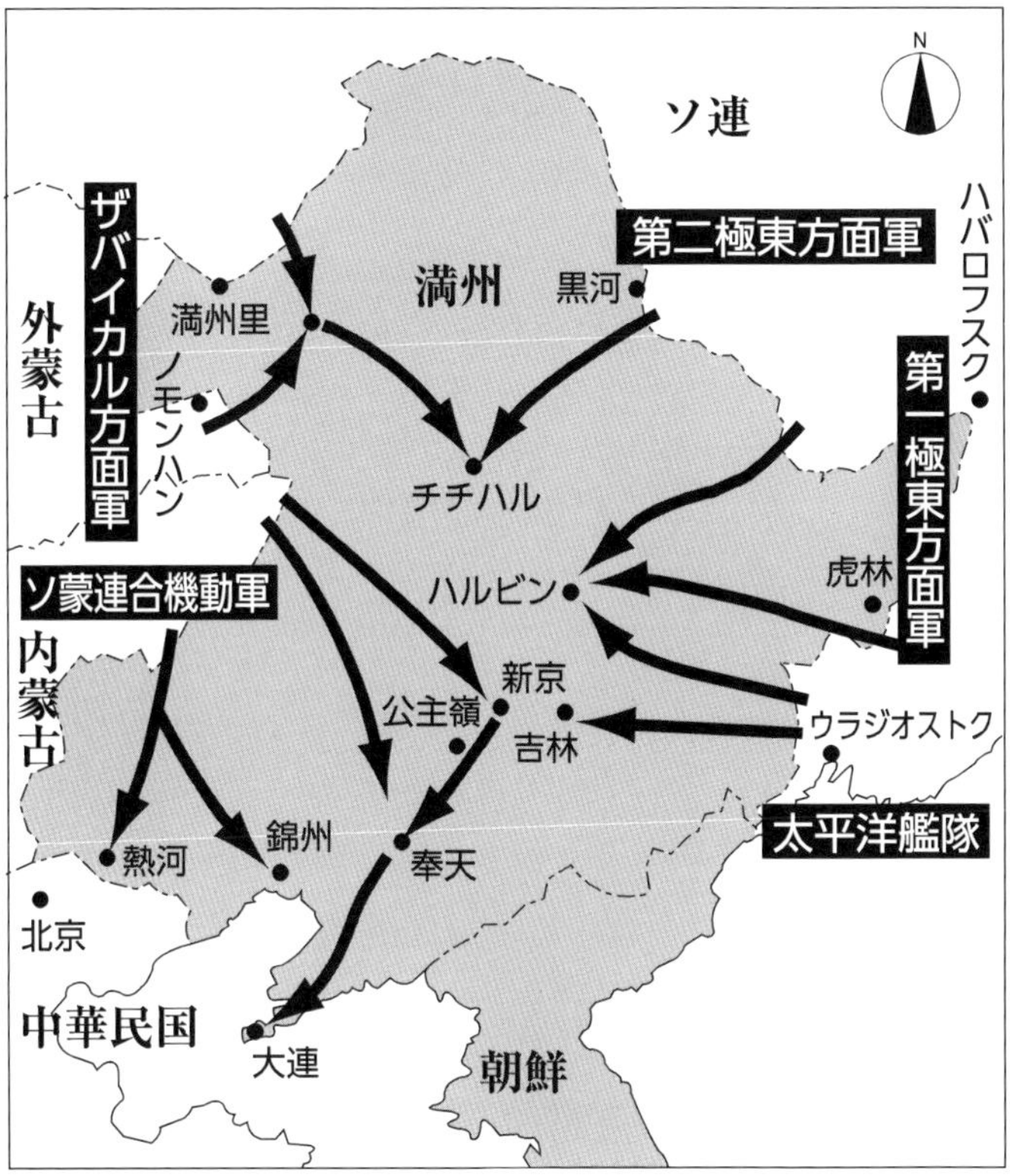

このサハリン攻防戦など北方防衛を受け持っていたのは札幌に司令部を置く第五方面軍で、司令官は樋口《ひぐち》李《き》一郎《いちろう》中将であった。樋口はハルピン陸軍特務機関長を務めた一九三八年に、ナチスに追われたユダヤ系ドイツ人が、ソ連と満州の国境にある町オトポール（現ザバイカリスク）に避難していたが、日本政府は日独防共協定によりユダヤ人の満州国通過許可を出し渋っていた。樋口は、人道的立場からユダヤ人に食料や燃料を給し、日本政府と軍部を説

き伏せて、ユダヤ人の満州国通過を認めさせた硬骨漢でもあったのだ。

後にスターリンは連合軍に対して、樋口を戦犯として引き渡すように申し入れている事実から、彼の存在はソ連にとっては実に疎ましい存在であったと思われる。

千島列島北端の占守島《シュムシュ》の日本軍は、戦車から砲を外すなど停戦交渉の軍使の上陸に応じる準備を進めていたが、千島列島占領作戦を開始したソ連軍は、八月十八日未明に対岸のカムチャツカ半島の砲台から砲射撃を加えながら大挙上陸してきたのである。

占守島を守備するのは第五方面軍指揮下の第九一師団で、アリューシャンからの米軍に備えて、この小さな島に大小八〇門以上の火砲と戦車八五輌を集めていたのだ。第九一師団長の堤不夾貴《つつみふさき》中将は自衛のための防戦を命令し、砲火を波打ち際に集中させ、ソ連軍に戦死傷者三〇〇〇名以上とする大損害を与えた。これは満州、樺太を含めた対ソ連戦で日本軍最大の勝利であった。その上に師団司令部は、日魯漁業の女性従業員約四〇〇名を、ソ連兵の暴行から守るため根室に向けて退避させていた。

日本軍軍使がソ連軍陣地にたどり着き、八月二十一日に占守島の停戦交渉はなったが、その後もソ連軍は南下を続け、北千島南端の得撫島《ウルップ》までの占領を完了したのは八月三十一日のことである。第五方面軍が自衛のための戦闘を決断し、占守島での大激戦をはじめとした戦いで、ソ連軍を足止めさせた意義は大きかった。

　スターリンは、トルーマンに対して北海道の北半分にソ連軍が入り、日本軍の降伏を受けたいという要求を突き付けていた。スターリンは釧路と留萌《るもい》を結ぶ線で北海道を分割し、戦後の日本占領に加わろうとしていたのだ。

北方領土の状況

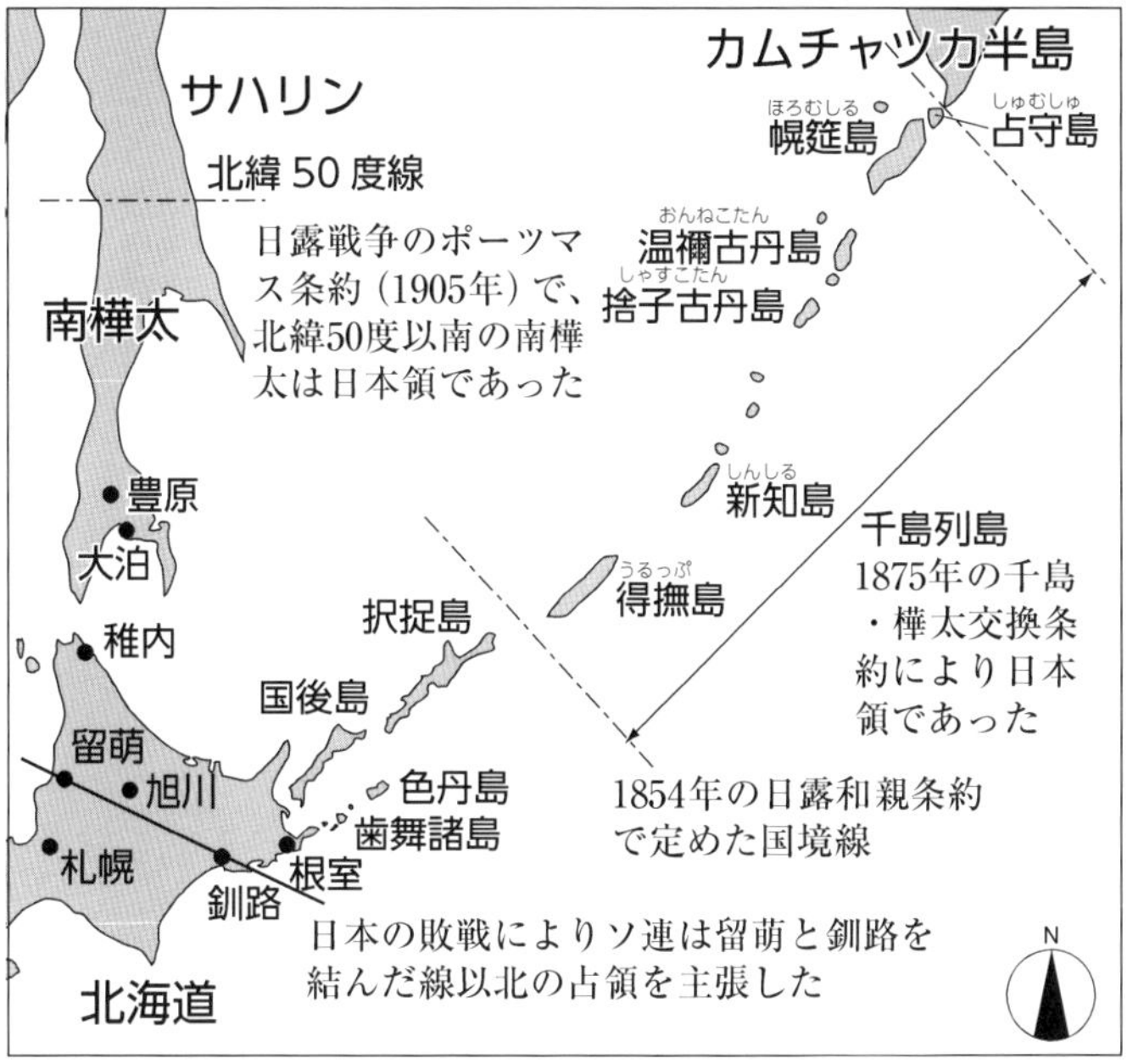

　ソ連軍が北海道占領を諦めざるを得なかったのは、第九一師団が占守島で自衛の戦闘をしたことでタイムラグができ、この間に米軍が態勢を整えることができた。トルーマン大統領は日本の本土はすべてアメリカの占領下に置くとし、それに応えてマッカーサーがソ連の要求を撥ねつけた。そのため八月二十二日、ソ連は北海道占領計画を撤回したのである。
　その一方でスターリンは、八月二十八日には部隊を樺太から択捉《えとろふ》に派遣して占領。九月一日には国後《くなしり》と色丹《しこたん》島に上陸。九月二日には歯舞《はぼまい》諸島攻略作戦が発動され、九月五日、無血占領に成功。これにより全千島を占領することとなった。

北方四島で抵抗をしなかった日本

ここにいたる過程で、われわれが留意しなければならない問題は、北方四島にソ連が侵攻した時、日本軍も住民もソ連にまったく抵抗を示さなかったことである。ソ連軍の攻撃にまったく抵抗しないのは戦闘放棄であり、日本が降伏調印をする九月二日まではソ連の行動は合法であった。

従って日本軍も自衛のために、防衛戦闘を行なう権利があったのである。さらに言えば、ソ連の北方領土占領作戦のうち、歯舞諸島に関する戦闘行為は、日本が降伏調印した九月二日の後の九月五日まで続いていたから、ソ連の軍事行動は不当であり、不法な行為と見做されても仕方ないのだ。

いずれにしても、戦闘放棄と見做される日本軍の行為は、国際常識に照らし合わせると「北方領土が日本固有の領土である」と主張する日本側の論拠を弱める歴史的事実とされるのだ。北方領土が日本固有の領土なら、ソ連侵攻の時には血を流して抵抗するべきではなかったのかという批判があるからである。

私自身、二度にわたって国後、択捉の北方領土を取材した経験があるが、その時、北方領土出身のソ連人国会議員たちと議論となった一つにこのことがあった。

当時の彼らの主張として、北方領土をソ連軍が無血占領したことを挙げ、日本人は自らの領土でないことを知っていた証拠であるとしていた。そして島々は日本固有の領土ではなく、もともとはアイヌ民族のものであり、ソ連が日本人からアイヌ民族を解放したものである。従って島を返還するなら、日本ではなくアイヌ民族に対して行なうべきであるという、日本人にとっては突拍子もない理屈を述べたのである。

北方四島を無血占領できた理由についての解釈は、国際社会の見解の一つとして、それなりの論理的説得力があったと言わざるを得ない。

しかし、ソ連が占領した北方領土、日本が固有の領土と主張する国後、択捉、歯舞、色丹の島々は、戦後度重なる交渉を重ねたが、現在も占領され続け、旧住民は故郷を奪われたままである。日露間には未だに平和条約も結ばれていないが、日本としてはあくまでも領土的主張を続けながら、粘り強く交渉を続けることが必要である。

敗戦を認めたくない軍部が終戦の詔勅放送を妨害

日本政府は八月十三日にポツダム宣言の受諾を決定

日本の敗色が濃くなっていた一九四五年八月六日に、広島へ原爆が投下された。九日にはソ連の対日参戦および長崎へ二発目の原爆が投下された。

ここにきて日本政府内部では、七月二十六日に英・米・中三国の首脳により発せられた、ポツダム宣言の受諾による降伏という意見が強まってきたが、ここで議論となったのは、天皇の地位保証（国体護持）であった。

八月九日午前一〇時から、宮中において開かれた最高戦争指導会議では、主として天皇の地位について曖昧な表現でしかなかったポツダム宣言について議論が沸騰した。国体護持の立場から、陸軍では阿南惟幾《あなみこれちか》陸相や梅津美治郎《うめづよしじろう》参謀総長が、ポツダム宣言受諾に反対し、あくまでも本土決戦を主張して結論にはいたらなかった。会議が終了した後、鈴木《すずき》貫《かん》太郎《たろう》首相は、天皇臨席の御前会議として再度最高指導者会議を招集した。

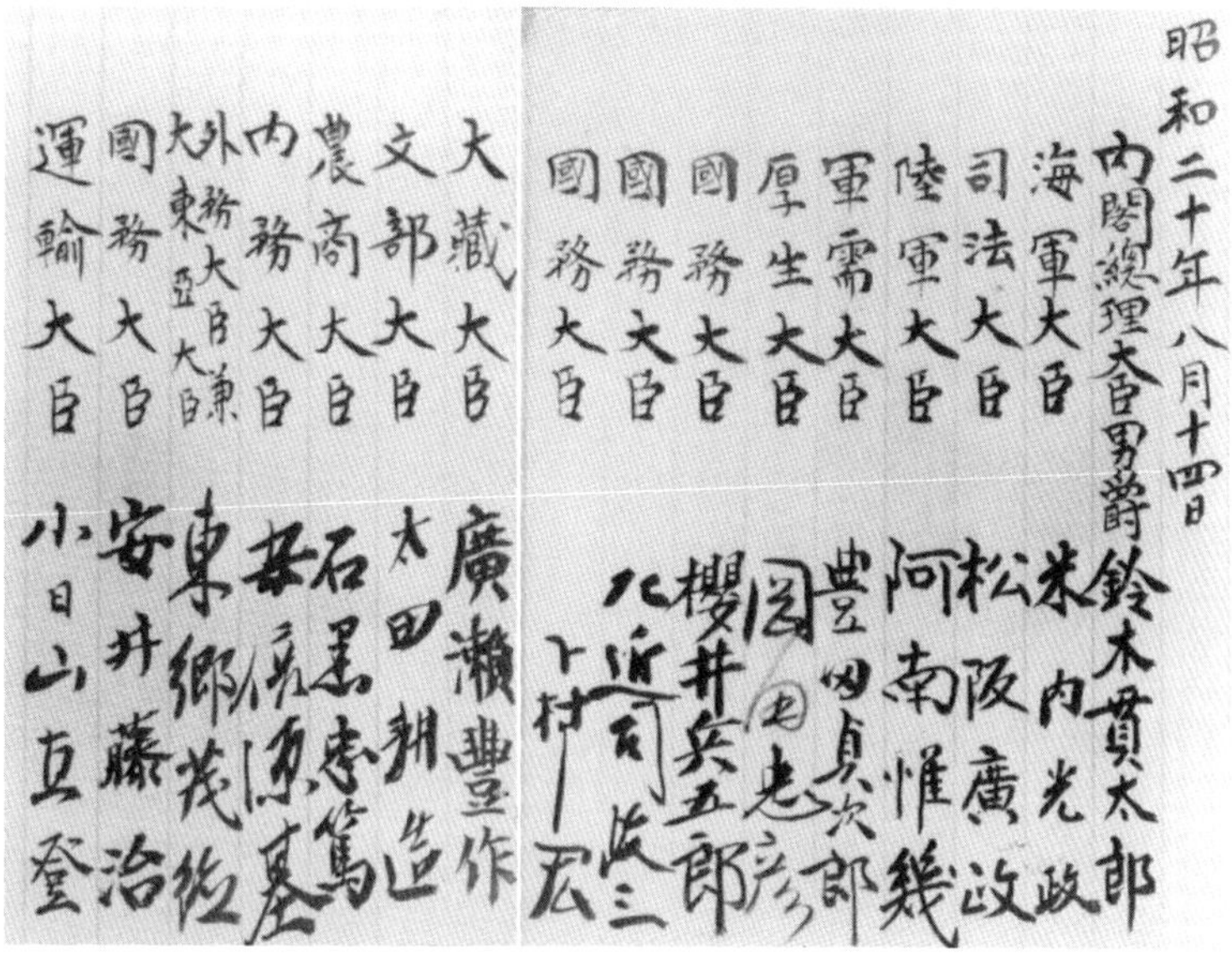
昭和二十年八月十四日
内閣総理大臣男爵 鈴木貫太郎
海軍大臣 米内光政
司法大臣 松阪廣政
陸軍大臣 阿南惟幾
軍需大臣 豊田貞次郎
厚生大臣 岡田忠彦
國務大臣 櫻井兵五郎
國務大臣 左近司政三
國務大臣 下村宏
大藏大臣 廣瀬豊作
文部大臣 太田耕造
農商大臣 石黒忠篤
内務大臣 安倍源基
外務大臣兼大東亞大臣 東郷茂徳
國務大臣 安井藤治
運輸大臣 小日山直登

終戦の詔書に署名した各大臣

翌十日午前〇時から、宮城内御文庫地下の防空壕において開かれたこの御前会議の席上で、首相からの聖断要請を受けた昭和天皇により、ポツダム宣言の受諾が決定された。この時、昭和天皇は国体について「わが身はどうなっても国民を救いたい」と発言したことはよく知られている。

御前会議での決定を知らされた陸軍省では、徹底抗戦を主張していた多数の将校から激しい反発が巻き起こった。ポツダム宣言には「全日本軍の無条件降伏」という項目があり、陸海軍は組織存亡の危機に立ったのである。

八月十二日午前〇時過ぎ、サンフランシスコからの放送で連合国は、ポツダム宣言で曖昧になっていた天皇の地位に関する回答を放送した。この中では日本政府が要請した国体護持に対して、「天皇および日本政府の国家統治の権限は、連合国最高司令官に従う（subject to）ものとする」と回答されていた。

外務省はこの英文を「制限の下に置かれる」と訳し、あくまで終戦を進めようとしたのに対して、陸軍では「隷属するものとす」であると解釈し、天皇の地位が保証されていないとして、戦争続行を唱える声が大半を占めた。

八月十二日午後三時から開催された閣議および、翌十三日午前九時からの最高戦争指導会議では議論が紛糾した。閣議において最後までポツダム宣言に反対していたのは、阿南と松阪広政《まつざかひろまさ》司法大臣、安倍源基《あべぐんき》内務大臣の三名であった。しかし、午後三時の閣議において、ついにポツダム宣言受諾が決定された。

陸軍将校がクーデターを計画

陸相官邸に戻った阿南は六名の将校に面会を求められ、クーデター計画への賛同を迫られた。「兵力使用計画」と題されたこの案では、東部軍および近衛第一師団を用いて宮城を隔離、鈴木首相、木戸幸一《きどこういち》内大臣、東郷茂徳《とうごうしげのり》外相、米内光政《よないみつまさ》海相らの政府要人を捕らえて戒厳令を発布し、国体護持を連合国側が承認するまで戦争を継続すると記されていた。阿南陸相は「梅津参謀総長と会った上で決心を伝える」と返答し、一同を解散させた。

逆上した陸軍将校たちには通じなかったろうが、冷静に考えてみると、クーデターを起こすにはそれなりの大義名分が必要である。一九三六年に陸軍青年将校が起こしたクーデター未遂の二・二六事件では、天皇の真意が知れなかったため、君側の奸とされる重臣たちを討って天皇親政を実現するのが目標とされ「尊皇討奸」というスローガンが用意されていた。

ところが、今回のクーデターには大義名分がなかった。終戦の決定が天皇自身の発意であるのは明瞭であったからだ。そのため別の理由づけが必要となり、ここで持ち出されたのが「国体護持」という抽象概念であった。

しかし、その国体の中核である昭和天皇が、御前会議で「わが身はどうなっても国民を救いたい」と発言しており、このことからもクーデターの大義はなく、ただ陸軍の組織維持のための狼藉でしかない。

八月十四日午前七時に、陸軍省で阿南陸相と梅津参謀総長の会談が行なわれた。この席で梅津はクーデター計画に反対し、阿南もこれに同意した。一方で鈴木首相は、陸軍の妨害を排除するため、全閣僚および軍民の要人数名を加えた御前会議を招集した。

会議において、鈴木首相から再度聖断の要請を受けた昭和天皇は、連合国の回答受諾を是認し、必要であれば自身が国民へ語りかけると述べて会議は散会された。

会議が始まった午後一時頃、社団法人日本放送協会会長大橋八郎《おおはしはちろう》は内閣情報局に呼び出され、終戦詔勅が天皇の直接放送となる可能性があるので、至急準備を整えるようにという指示を受けた。昭和天皇による玉音放送の録音は、午後十一時三〇分から宮内省政務室において行なわれ、録音盤（玉音盤）は徳川義寛《とくがわよしひろ》侍従に渡されて、皇后宮職事務官室内の軽金庫に保管された。

玉音放送の前後に起こった軍人による騒動

八月十五日午前〇時過ぎ、玉音放送の録音を終え、宮城を退出する下村宏《しもむらひろし》情報局総裁および放送協会職員など数名が、坂下門付近において近衛歩兵第二連隊第三大隊長佐藤好《さとうよし》弘《ひろ》大尉により拘束された。彼らは兵士に銃を突き付けられ、付近の守衛隊司令部の建物内に軟禁された。

クーデター参加に消極的な態度であった近衛第一師団森赳《もりたけし》師団長が、師団長室内で過激派将校により銃撃された上に軍刀で斬殺された。この後、師団参謀の古賀秀正《こがひでまさ》少佐は近衛歩兵第二連隊に展開を命じた。また、玉音放送の実行を防ぐために、内幸《うちさいわい》町の放送会館へも近衛歩兵第一連隊第一中隊を派遣した。

宮内省の電話線は切断され、皇宮警察官たちは武装解除された。玉音盤が宮内省内部に存在することを知った古賀少佐は部隊に捜索を命じ、宮城内の捜索が行なわれたが、宮内省内にいた石渡荘太郎《いしわたそうたろう》宮内大臣および木戸幸一《きどこういち》内大臣は金庫室などに隠れ、玉音盤も難を逃れた。

日が昇ってすぐの午前五時頃、東部軍の田中静壱《たなかしずいち》軍司令官が、自ら近衛第一師団司令部へと赴き、偽造命令に従い部隊を展開させようとしていた近衛歩兵第一連隊の渡辺多粮《わたなべたろう》連隊長を止めた。連隊長の傍にいた近衛第一師団参謀石原貞吉《いしはらさだきち》少佐は、東部憲兵隊により身柄を拘束された。午前六時過ぎにクーデターの発生を伝えられた昭和天皇は「自らが兵の前に出向いて諭そう」と述べている。

その頃、陸相官邸では阿南陸相が自刃。田中軍司令官は乾門付近で芳賀豊次郎《はがとよじろう》連隊

けふ正午に重大放送

國民必ず嚴肅に聽取せよ

十五日正午重大放送が行はれる、この放送は眞に未曾有の重大放送であり一億國民は嚴肅に必ず聽取せねばならない

政府は新聞の号外で玉音放送の告知をしていた

長に出会い兵士の撤収を命じると、そのまま御文庫から宮内省へ向かい反乱の鎮圧を伝えた。これを境にクーデターは急速に沈静化へと向かった。午前八時前には近衛歩兵第二連隊の兵士が宮城から撤収し、宮内省内の地下室に隠れていた石渡宮内大臣と木戸内大臣はここを出て御文庫へと向かった。

二枚の録音盤は、皇后宮職事務官室から放送会館および第一生命館に設けられていた予備スタジオへと運ばれた。偽物の運搬には、いかにも正式な勅使らしい偽装をし、本物は粗末な袋に入れて木炭自動車で運搬するという念の入れようであった。

終戦時に騒動の舞台になった皇居

午前十一時三〇分過ぎ、放送会館のスタジオ前で、突如一人の憲兵将校が軍刀を抜き、放送阻止のためにスタジオに乱入しようとしたが、すぐに取り押さえられ憲兵に連行された。そして正午過ぎ、ラジオから下村総裁による予告と君が代が流れた後に玉音放送が行なわれ、戦闘は休戦となった。

この他にも、終戦に抵抗する軍人たちによるさまざまな事件が起きていた。その一つに、時の首相鈴木貫太郎邸を早朝に急襲し、火を放つという二・二六事件さながらの反乱事件も起きている。

その主犯は東京防衛軍の警備第三旅団に属した予備役大尉の佐々木武雄《ささきたけお》であった。彼は八月十五日早朝、旅団司令部があった横浜から兵や学生を引き連れ、首相官邸を襲撃。首相不在と知るや丸山町の私邸に押しかけて放火したが、首相とその家族は裏口から脱出して難を逃れている。

さらには、玉音放送後には、厚木海軍飛行場で第三〇二航空隊司令の小園安名《こぞのやすな》大佐以下が反乱。陸・海軍や国民に向けて、降伏拒否の檄文を撒いて呼びかけたが、小園自身がマラリアに罹り病院に収監されたことから、八月二十日には武装解除され鎮圧されている。

事件に関係した将校たちは、明らかに当時の軍法および刑法に違反する行為を行なったにもかかわらず、敗戦とそれに伴う軍組織の解体などの混乱により、多くの者は軍事裁判で裁かれることも刑事責任に問われることもなかった。

米英に宣戦布告したタイ国が敗戦国にならなかった外交戦略

タイ国はフランスに割譲させられた領土を日本の仲介で奪還

一九四一年十二月二十一日、日本とタイ国は同盟条約を結び、タイ国は一九四二年一月二十五日には日本と同じくアメリカ、イギリスに対して宣戦布告をした。にもかかわらず、戦争が終わってみるとタイ国は敗戦国になっていなかった。この、実に不思議な結果はタイ国内政治の複雑さと、それを巧みに使った外交にあった。

日本で帝国憲法が発布されてから四三年後の一九三二年六月二十四日、アジアのもう一つの独立君主国タイ国で、ヨーロッパ留学帰りの将校や文官を中心とする人民党による立憲制を求めるクーデターが成功した。

これにより、チャクリー王朝国王による一五〇年の専制政治が終焉した。人民党はこの後一五年にわたって政権を担当する。その中心的指導者の一人は陸軍出身のピブーンソンクラーム（以下ピブーンとする）であり、もう一人が法務官僚出身で、後に名門国立大学タマサート大学の創立者となるプリディー・パノムヨンである。この二人は軍人と文官というそれぞれの立場により、第二次世界大戦中から戦後を通じて政治的対立関係となった。

一九三八年、軍人出身の人民党指導者ピブーンが首相に就任した。ピブーンはこの新内閣で国防と内務の両大臣を兼務し、文官のプリディーを蔵相とした。

フランスがナチス・ドイツに敗れたことを機に、ピブーンは一九四〇年から一九四一年にかけて、かつてフランスに割譲させられていたカンボジア、ラオスの領土を巡って、フランスとの敵対関係を造り上げた。

日本政府は、タイ国の東南アジアでの戦略的な位置関係と、豊かな農業生産力を重要視し、友好関係を強固にする必要に迫られていた。日本はフランスのヴィシー政府とタイ国との調停役を買って出た。そして一九四一年三月十一日、タイ仏両国は日本の仲介で領土問題に関する調印を行ない、フランスはメコン川西岸のラオス地域とカンボジアのバッタンガン地区の返還に応じたのである。このことはタイ国と日本が強い友好関係を築いていく第一歩となった。

当初、タイ軍は日本軍の侵攻に抵抗した

タイ国はラオスとカンボジアの旧領土が返還されたことによって、南部仏領インドシナに進出した日本と直接国境を接することにもなった。もし日本がタイ国に侵入を開始した場合、強大な日本の軍事力の前では、タイ軍の力が遠くおよばないことを軍人として十分承知していたピブーンは、あらゆるチャンネルを通じてアメリカやイギリスに対して軍事援助を要請していた。

しかし、ヨーロッパ戦線で手一杯のイギリスはもとより、アメリカもタイ国と日本の関係に懸念を示し、その要請には応えようとはしなかったのである。

アメリカは一九四一年十二月六日になって、タイ国政府に貸付を行なう方向性を見せたが、時すでに遅く、翌七日早朝(ハワイ時間)には日本軍の真珠湾攻撃が始まり、同時にタイ国も日本軍の攻撃にさらされた。

この時、イギリスはシンガポールの海・空戦力を増強していたが、タイ国の戦力増強に繋がるようなことは何もしなかった。日本軍侵攻の瀬戸際まで続いたタイ国の要求にも、アメリカ・イギリスからなんら具体的な援助は受けられなかったため、タイ国は自国のみ

で独立を保持せざるを得なかった。

タイ時間（以下同じ）の一九四一年十二月八日午前二時、真珠湾攻撃から二時間もたたないうちに、日本軍がタイ南部に上陸を開始した。さらにカンボジア国境のアランヤプラテートやラオス国境からも日本軍が侵攻したのである。

日本軍のタイ国上陸作戦

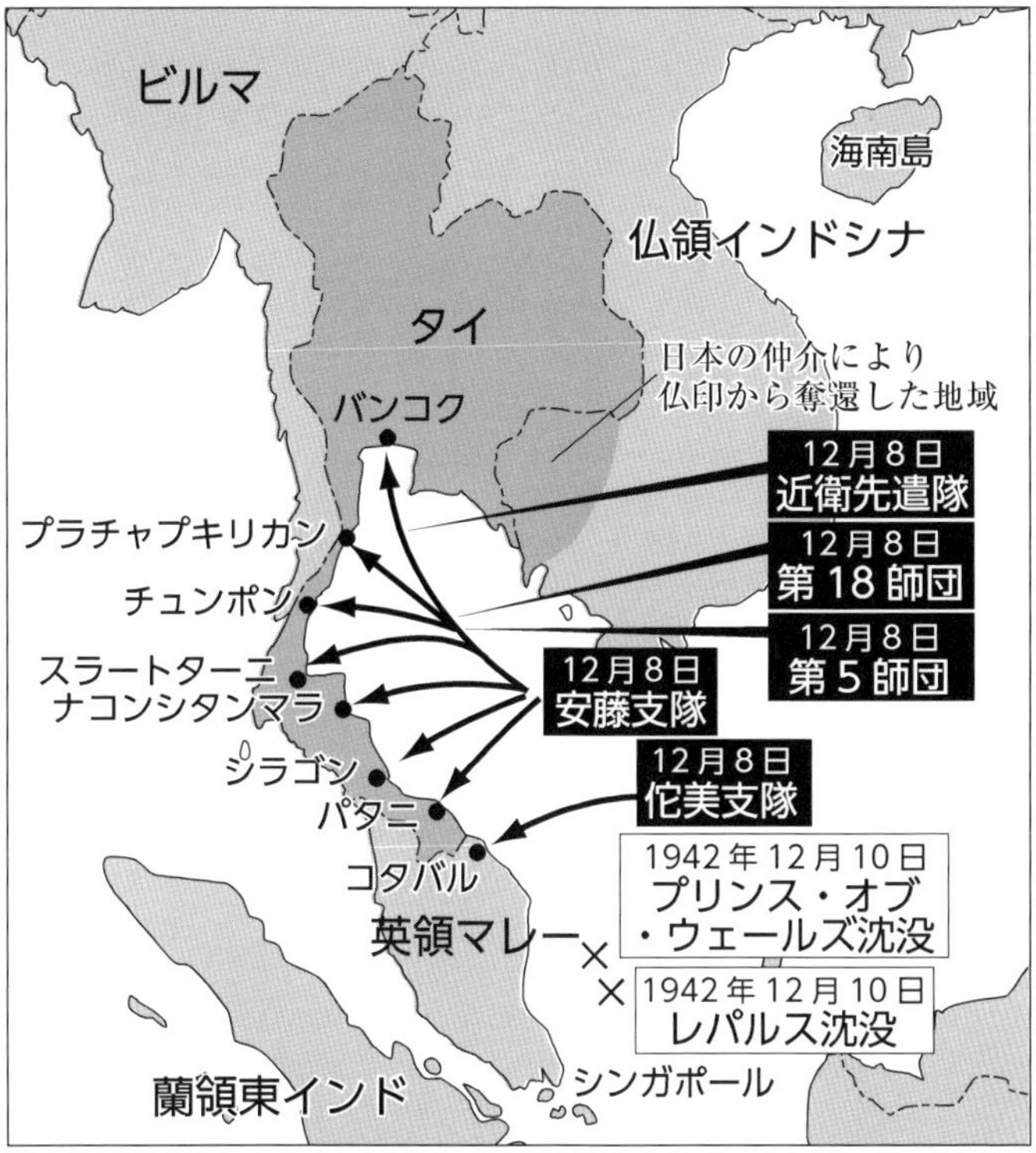

この時、ピブーンは軍の視察のために地方出張しており、バンコクにはいなかった。これについては、日本軍の進駐を遅らせてタイに有利な立場をもたらそうとし、意図的に雲隠れしたという説も根強くある。日本軍はタイ国政府に領内通過許可を要求したが、首相不在のため最終決定をする者がいないという、権力の空白状況であったのだ。

このような混乱状態の中で、タイ軍は

自国領内に侵攻しようとした、強力な日本軍との戦闘に挑んだのだ。

南タイの上陸地点では、タイの軍隊と警察、それに十代を含む青年団までもが勇敢に抗戦した。南タイでのタイ側の戦死者は警察官と将兵が一四九人、民間人三九人を数えたが、シラゴン、パタニに上陸した日本軍で三三人、プラチャプキリカンなどに上陸した部隊などで一〇八人であったから、タイ軍は日本軍相手にほぼ互角の戦いをしており、独立国として日本と対等の立場を世界と日本に示した。

しかし、十二月八日が終わる頃には、日本軍はタイ軍の抵抗を押し切り侵攻に成功した。日本軍の侵入とタイ軍の戦闘開始を知ったピブーンは、十二月八日早朝にはバンコクに引き返し、タイ軍に停戦を命じ、「日本国軍隊のタイ国領域通過に関する協定」に応じた。

ピブーンはこの協定を結ぶに当たって、東南アジア唯一の独立国の立場を前面に押し出す交渉を行なった。それは日本の大義である「アジアの植民地を欧米から解放する」という大東亜共栄圏構想を巧みに利用して、タイ国の主権を最大限残すために努力することであった。

日本と米英を見据えたピブーン首相の見事な人事配置

「日本国軍隊のタイ国領域通過に関する協定」に基づいて、日本軍はカンボジアからもタイ領内に入り、十二月九日には中部タイを実質上占領下に置いた。そして、翌十二月十日正午過ぎ、マレー沖海戦で日本軍はイギリス東洋艦隊を壊滅させた。この状況下では当分イギリス、アメリカの軍事的反抗は期待できそうになく、近い将来にタイ国が連合国から援助を得て、日本軍に対抗することは絶望的となったのである。孤立無援となったタイ国のピブーン首相は日本の求める「同盟条約仮調印書」に署名し、次いで十二月二十一日には「日本国タイ国間同盟条約」に調印せざるを得なかった。

タイ国革命10周年記念日に閲兵するピブーン首相

そして、一九四二年一月二十五日には、アメリカとイギリスに対して宣戦布告するにいたった。ピブーン側としては、これでタイ軍は日本軍から武装解除を免れる口実ができたことになり、タイ軍が残れば、アメリカ、イギリスが勢いを盛り返した時に、タイ国内からアメリカ、イギリスを軍事サポートできるとの目論見があったとされている。ピブーン政権としては宣戦布告を連合軍側、日本軍側の双方に都合の良い解釈を与えるものとして位置付けていたのだ。

日本軍の侵攻直後、ピブーン首相は内閣改造を行なった。この改造でもっとも重要な人事はプリディーを蔵相から外し閣外追放したことである。ピブーンはプリディーを摂政にし、さらにはプリディー派の重要人物であるディレク・チャーナム外相を降格させて、日本大使に任命したのである。その他のプリディー派の主だった者の多くが降格され、権力の中枢から遠ざかった。

この人事は一見、ピブーンが日本との同盟関係を円滑にするため、反対派のプリディーを追い落とした権力争いのように見えるが、後に自由タイ運動を推進していくプリディー派にとっては、極めて好都合な人的配置となっていた。

プリディーは、スイスに留学中のアーナンダ・マヒドン王の摂政となったことで、形式的であったとしても、タイ国の重要法案や外国との条約に、彼が署名しなければ正式に発効したものとは見なされないという、重要な役職に就いたのである。

また、ディレクが駐日大使として東京に送られたことは、戦争中の同盟国の大使として、日本軍の軍事機密に接触できる利点があった。さらには、その他のプリディー派が政府の要職を離れたことで、彼らは政府および官僚組織の目立たない部分で実務者として、プリディーの政策を実行できる立場に就いていたのだ。

現実問題として、プリディーの画策で対米英宣戦布告は違法となった。タイ国の法律では、法律や条約、宣戦布告などを発効するには、摂政委員会全員のサインを得て、国王の名前で発効するとされている。プリディーは宣戦布告にサインすることを拒否し、雲隠れしてしまい、摂政委員会メンバー三人のうちプリディーを除いた二人のサインだけで、宣戦布告文が国王の名前で発効されていたのだ。

タイ国の米英に対する宣戦布告は無効になった

この「違法文書」の存在が、戦時中のタイ国の立場を説明するのに重要な役割を果たすこととなった。問題になったのは、宣戦布告がタイ国民の総意なのか、それともピブーン首相の独断専行なのかという点であった。ピブーン首相はプリディー摂政が宣戦布告文にサインしていないことを知らされていたにもかかわらず、閣議において全員一致で宣戦布告文書を承認するようにという、強力なリーダーシップを発揮したのである。

事実、一九四二年一月二十五日に、駐アメリカ公使セーニー・プラモートが、タイ国の宣戦布告文を持ってコーデル・ハル米国務長官に面会した時に、ハル国務長官は「われわれはタイ国を敵国と考えなかった。タイ国政府は日本の支配下にあり、タイ国民の意思を代表する立場にはないので、アメリカ政府は（タイ国に対して）宣戦布告はしなかった」と後に述べたのである。この時プラモートは、国務長官に宣戦布告書を手渡さなかった。

一方、閣僚を離れたプリディーは、自由な立場から日本軍の情報収集に携わり、秘密裏にタイ人の海外留学生などを通じて「自由タイ運動」と呼ばれる抗日運動を進めた。そして、留学生による義勇軍を結成して米英軍に加入させ、タイ国内に潜入させた。国内に内通者を組織し、そこから集めた情報を連合国軍に伝えた。彼らの発する正確な爆撃目標情報が連合軍に伝わり、多大な成果を上げたのである。

さらに、イギリス軍の飛行機で運ばれたタイ人留学生たちが、夜間に次々とパラシュートでシャム湾に降下し、国内で組織された自由タイメンバーのモーター・ボートで集められて、バンコクに運ばれたのである。バンコクに潜入した米軍の拠点も、日本軍駐屯地の目と鼻の先にあるタマサート大学内に設立されていた。

一九四五年に入ると、タイ領内の各地にアメリカとイギリスの軍事援助を得た、自由タイの軍事キャンプが生まれ、自由タイの志願兵たちが日本軍への反撃に備えるまでになっていた。

ピブーン首相も、日本の敗色が濃くなった一九四三年半ばから、日本軍の支配体制から逃れるため、密かに首都を北部タイのピチャブンに移そうと試みた。一九四四年七月、ピブーン首相は遷都を国会に諮ったがプリディー派の反対にあい、これがきっかけとなって、七月二十四日、ついに首相を辞任することとなる。

日本敗戦の翌日の、一九四五年八月十六日、摂政であるプリディーは平和宣言を発し、タイのアメリカ・イギリスに対する宣戦布告が無効であることを明らかにした。

イギリスも紆余曲折がありながら、結果的にはアメリカと同じく、戦争中、連合国に協力した自由タイ運動の功績を認め、タイ国を国際的にも敗戦国の位置付けにはしなかった。そして、一九四六年三月二十三日、タイ国の最高裁判所が、戦犯法は事後立法であるため違憲という判決を下し、戦犯として逮捕されていたピブーンたちを釈放してしまうのである。

イタリアは敗戦国の汚名から逃れ日本に賠償を求めてきた

ドイツの統制下で連合国と交渉していたイタリア

イタリアの第二次世界大戦終了は、複雑かつ特殊な形で行なわれた。多くの日本人の常識としては、イタリア王国は第二次世界大戦では枢軸国として参加し、ファシスト党のベニート・ムッソリーニ総統が全権力を握っていたと思っているだろう。しかし、イタリアは立憲君主国であり、国王エマヌエレ三世が元首を務めていた。

一九四三年七月十日の、米軍を中心とした連合国軍のシチリア島上陸により、イタリア本国は占領の危機に晒された。この危機的状況に軍内部の休戦派とファシスト党穏健派、それに敗戦による王政廃止を恐れる王党派が、反ムッソリーニで結び付いた。

ムッソリーニは徹底抗戦を主張するが、国王と共謀した反対派勢力の政治的クーデターで首相を解任され、北イタリアの山岳地帯にあるグラン・サッソのホテルに幽閉された。これによってファシスト政権は崩壊し、国王はムッソリーニに代えて、国防軍の長老ピエトロ・バドリオ元帥を首班とする内閣を成立させたのである。

しかし、イタリアはドイツ南方方面軍の統制下にあったため、バドリオ元帥はドイツに戦争の継続を約束しつつ、連合国との間で休戦交渉を進めていった。イタリア側の狙いは連合軍と休戦をし、その後に連合軍の一員として対独戦に参加するというものであったが、連合国側は、イタリアにあくまでも無条件降伏を求め、降伏後の対応はまた別とするとしていたのである。

連合軍側はイタリア問題を早期決着させ、対独戦に集中したいとの思いもあり、名目上は休戦協定ではあるが、実質上は無条件降伏となる条文を妥協案として示し、イタリア側もようやく妥協した。ところが、最終段階になって国王と政府が決断を躊躇する。

ドイツ特殊部隊がムッソリーニを救出

九月八日、イタリア側の優柔不断な態度に業を煮やした、連合軍のドワイト・D・アイゼンハワー大将が、イタリア側の了承なくイタリアの無条件降伏を宣言し、休戦を既成事実化した。

これによって前線のイタリア軍部隊は、唐突に戦いの終わりを知らされる格好になり、一九四三年九月八日がイタリアの終戦の日とされることとなった。

しかし、イタリアと同盟を組んでいたヒトラーは、イタリア北・中部へドイツ軍を進駐させた。ドイツ軍の進駐でパニック状態になった国王と政権の閣僚たちは、ローマを捨てて連合軍の占領地域に逃亡してしまったのである。

前線に展開していたイタリア軍や国民は、国王らの無責任な逃亡を知らされておらず、イタリア国民にとって九月八日の終戦の日は、いまだに国辱の日となっているのだ。

イタリアに進駐したドイツ軍は、イタリアの統治にファシストを奉じる勢力を作る必要があり、ムッソリーニの復権を画策した。ヒトラーはムッソリーニの救出作戦を命じ、九月十二日にはオットー・スコルツェニーが率いるドイツ軍特殊部隊が、グライダーや軽飛行機を使ってアペニン山脈の山頂に舞い降り、グラン・サッソを急襲。無事ムッソリーニの救出に成功した。この鮮やかな作戦はナチスの宣伝もあり、よく知られるところだ。

イギリスのジャック・ヒギンズは、一九七五年にこの作戦を背景にした『鷲は舞い降りた』(早川書房)を著し、翌年に同名で映画化され日本でも公開された。宝塚歌劇団でも、この話を題材に悲恋物語の『グランサッソの百合』として、一九九一年に初演している。

終戦の一ヵ月前に日本に宣戦布告し戦勝国になったイタリア王国

救出されたムッソリーニは、九月十五日にヒトラーと会談。この時、ムッソリーニは胃癌で衰弱していたが、ヒトラーの要請を受けて九月十八日に共和ファシスト党を創立。九月二十三日には、イタリア北部のドイツ軍支配地域に、ムッソリーニを国家元首とするイタリア社会共和国（ＲＳＩ）を建国した。

イタリア社会共和国では、ムッソリーニが元首と外務大臣を兼務し、形の上では独裁体制を復活させた。ムッソリーニとファシスト党強硬派によって築かれた新国家は、王国政府の休戦を「不名誉な裏切り」と非難し、「名誉ある継戦」を主張したため、イタリアはローマ以北のイタリア社会共和国とローマ以南のイタリア王国に別れての内戦状態に突入した。

ドイツ軍の支援を受けて創設したイタリア社会共和国軍は、連合国相手に各地で善戦したが劣勢は免れず、一九四五年四月にはドイツ軍の降伏が決定した。ドイツ軍の降伏はイタリア社会共和国政府にも通告されず、四月二十五日には、イタリア社会共和国政府は事実上の政権崩壊に追い込まれた。

元首ムッソリーニも四月二十七日に拘束され、法的裏付けを持たない略式裁判を経てパルチザンに射殺された。イタリア社会共和国軍は四月二十九日まで抵抗を続けた後、グラツィアーニ元帥の署名で降伏に同意した。

一方、バドリオ政権は連合国側として、一九四三年十月十三日にドイツに対して宣戦布告し、一九四五年七月十五日には日本に対しても宣戦布告をした。

その上に、戦後には戦勝国として日本に賠償金を求めてきた。しかし日本政府は、当時イタリア社会共和国を正式な国家として承認しており、バドリオ政権を未承認であったことから、その権利を認めないという立場を採った。

一九四六年の国民投票により、戦時中に国民を捨てて逃亡した国王は廃位され、王国は消滅した。イタリアは共和国となり、一九五五年に国連加盟を果たし、連合国としての一連の振る舞いが認められ、国連の敵国条項対象国とはなっていない。

第二章

残留日本兵たちの波乱に満ちた終戦

現在もサイパン島に残る日本軍中型戦車の残骸

サイパンでの民間人自決とゲリラ戦を戦う大場大尉の終戦

多くの民間人が自決した悲劇の島・サイパン

自衛隊の部隊指揮官を養成する幹部学校には、外国から留学してくる将校も多い。その中で、パキスタン陸軍の大尉と中尉にインタビューしたことがある。なぜ日本に留学したのかという問に、二人は「日本人の忠誠心、および敢闘精神を学びたいと思ったから」と答えた。

この大尉の家系は軍人で、父も陸軍に奉職しているという。彼の父がよく口にしていたのが、サイパン島での戦いであったそうだ。日本軍が「バンザイ突撃」を繰り返す敢闘精神に、軍人として見習わなければならないとしていた。また彼自身も、サイパン島での戦いの記録フィルムを見ており、民間人の女性が米軍に捕えられるのを嫌って、海に飛び込むシーンには、人間としての尊厳を守ろうとする姿があり感動した。このことから日本の自衛隊への留学を決めたと言っていた。

一九四四年六月十五日、米軍のサイパン攻略作戦が始まると、日本軍は水際で激しく抵抗したが、多数の民間人が砲爆撃に巻き込まれて死傷した。戦闘の末期になると多くの日本人居留民が、米軍に捕らえられることから逃れて、島の北端に追い詰められ、マッピ岬の断崖から、八〇〇〇人とも一万二〇〇〇人ともされる人たちが海に飛び込み自決したのである。この岬は後にバンザイ・クリフと名付けられた。

この民間人の最期の様子は、アメリカの従軍記者により雑誌『タイム』に掲載され、世界中に配信された。特に入水自決の一部始終を撮影したフィルムは一シーンしかない。パキスタン軍の大尉が自衛隊留学を決心するきっかけとなった入水者は、後の調査で福島県会津《あいづ》出身の室井ヨシという婦人であったと判明している。

大本営はサイパン島を見捨てた

サイパン島には、陸軍二万八〇〇〇名の日本軍守備隊が駐屯していたが、総指揮官の小《お》畑英良《ばたひでよし》中将はパラオ視察に向かい、サイパン島周辺が米軍の制空権下に入ったため帰れなくなっていた。また海軍兵力は一万五〇〇〇名であったが艦船もなく、真珠湾攻撃で空母機動部隊を指揮した南雲忠一《なぐもちゅういち》中将が総指揮官として赴任していた。

米軍はサイパン、グアム、テニアンというマリアナ諸島の攻略に全力を注ぐようになっていた。マリアナ諸島から東京一帯までは往復で約五〇〇〇キロメートルの距離があるが、B29を発進させれば爆撃が可能になるからである。そのことは日本側でも知っていたため、マリアナ諸島を死守せねばならないとしていた。

サイパン島要図

一九四四年六月十九日、日本海軍の小沢機動艦隊は、マリアナ沖の米空母から七〇〇キロメートル離れた位置から、三二六機の攻撃機を出撃させた。

これは米空母艦載機の飛行距離が半径四六〇キロメートル前後のため、敵から襲われないアウトレンジ戦法であった。だが日本の機動部隊は、ミッドウエー海戦で多くの熟練のパイロットを失っており、待ち伏せた敵機の攻撃をかわす飛行ができない上に、米軍が開発した新型砲弾のＶＴ信管付き対空砲火にさらされ、次々と撃ち落とされていった。

機動艦隊は攻撃機の大戦果の報を待っていたが、米潜水艦の魚雷攻撃により空母三隻を失ってしまった。このマリアナ沖海戦で大敗を喫したことにより、マリアナ諸島の日本軍は救援の望みを絶たれた。

米軍はサイパン攻略に際し、爆撃機により四日間にわたって爆弾の雨を降らせ、その後の艦砲射撃で日本軍守備隊の砲台や陣地を破壊していた。そして、マリアナ沖海戦前の六月十五日には上陸を開始した。

日本軍は組織的な反撃が不可能なほど戦力を消失したため、斎藤義次《さいとうよしつぐ》中将は防御に適した島の中部のタッポーチョ山に防御線を敷き、洞窟を利用した持久戦へ移行した。二十四日に大本営は、サイパン島奪回の見込みはないと判断して放棄を決定した。

大場大尉の誇りを持った投降は米軍も称賛

日本側兵力は、第四三師団が四〇〇〇名、他部隊が二〇〇〇名程度にまで減少していた。

重装備は戦車がわずかに三輌しかなく、米軍上陸前の爆撃と艦砲射撃により野砲は全損していた。

食料や水、医薬品が欠乏し、負傷者は自決するほかなかった。それでも日本軍は断固として抵抗を続けたため、二十日以来の米軍の進撃は遅々として進まなかったが、七月七日には、日本軍は完全に追い詰められた。日本軍残存部隊約三〇〇〇名によるバンザイ突撃が行なわれて玉砕した。翌日の戦場は「死の谷」と呼ばれるほど、日本軍の死体が累々と積み重なっていたという。

サイパン島で、わずかに残った日本軍地上部隊はゲリラ戦を展開し、各個で戦闘を継続した。日本のポツダム宣言受諾後も、その事実を知らない陸海軍将兵はゲリラ戦を継続していたが、ポツダム宣言受諾の事実を知り順次投降した。

タッポーチョ山を拠点としていた、陸軍歩兵第一八連隊衛生隊の大場《おおば》栄《さかえ》大尉以下四七名は、米軍部隊を待ち伏せ攻撃したり、木の上に潜んで狙撃攻撃を仕掛けた。米軍は追跡部隊を繰り出して追い詰めようとしたが、地形を知り尽くした大場隊を捉えることができず、その神出鬼没ぶりに「フォックス」と呼んでいた。アフリカ戦線で、物量的に劣勢のドイツ軍部隊を素早い機動で巧みに操り、連合軍を悩ませたドイツのロンメル将軍を「砂漠のキツネ」と呼んだのと同じ意味合いであろう。

大場大尉以下四七名は、一九四五年十一月二十七日に、上官である独立混成第九連隊長天羽馬八《あまううまはち》陸軍少将の正式の命を受け、十二月一日には戦死者に対し三発の弔銃を捧げて慰霊をした上で、米軍に投降した。この時、各自軍装を整え、大場を先頭にして日章旗を掲げて隊列を組み、軍歌を歌いながら行進したという。

大場大尉とその部下たちは、ポツダム宣言受諾から三ヵ月半も戦闘を続けたのである。そして、大場隊の投降はサイパン島での大規模な投降の最後のものとなった。投降式典において大場は、慣例として自身の軍刀を降伏の証として米軍将校に手渡した。彼らは、大本営のサイパン放棄を知らず、必ず友軍がサイパンを奪還に来ると信じていたという。

サイパン島ではバンザイ・クリフは観光旅行のコースには入っているが、わずかな兵で、米軍を巧みに翻弄し、米兵から畏敬の念を込めて「フォックス」と呼ばれた大場栄陸軍大尉とその部隊のことは、日本人の記憶から消し去られていった。

だが、一兵士としてサイパンに従軍した元アメリカ海兵隊のドン・ジョーンズの、『Oba, the Last Samurai: Saipan 1944―45』(邦題『タッポーチョ「敵ながら天晴」大場隊の勇戦512日』祥伝社)が、一九八二年にアメリカに先駆けて日本で出版された。同作品は二〇一一年に『太平洋の奇跡―フォックスと呼ばれた男』として映画化され、東宝配給により上映された。

映画化では大場大尉役を人気俳優の竹野内豊《たけのうちゆたか》が演じたこともあり、日本の若者の間で知られるようになったのである。

二年半も抵抗したペリリュー島の三四人

パラオ諸島のペリリュー島に、東洋最大の日本軍飛行場があり、陸軍と海軍で九八三八名が守備していたが、一九四四年九月十五日に、米軍は四万二〇〇〇の大軍で上陸を敢行した。米軍がペリリューを手に入れれば、フィリピン爆撃の基地にできるからだ。

全滅覚悟の日本軍守備隊は、サイパンのようにバンザイ突撃はせず、全島を洞窟要塞化して一日でも長く抵抗する道を選び、米軍に死傷八八四四名の被害を出させていた。ペリリューからの日本兵生還者は四四六名だったが、その中には一九四七年四月二十二日まで戦った、山口永《やまぐちひさし》少尉を含む三四名がいた。

彼らは米軍のM1ライフルで武装し、堂々と隊伍を組んで投降している。

大観光地と化したグアム島に潜伏していた日本兵

二八年ぶりに日本の土を踏んだ横井伍長

日本が敗戦してから二七年目の一九七二年には、日本が世界中から注目される事柄が集中して起きている。二月十九日には、七〇年安保闘争の残滓《ざんし》である過激派左翼集団日本赤軍が武装して、浅間山中にある山荘に女性管理人を人質として立て籠もり、警察当局と激しい銃撃戦を展開。その様子はライブでテレビ中継され、全世界に流された。

二月三日にはアジアで初めての冬季オリンピック札幌大会の開会式が行なわれたが、その前日の二日には、日本人にとっては衝撃的な出来事があった。グアム島に潜伏していた元日本兵横井庄一《よこいしょういち》伍長が、二八年ぶりに羽田空港に降り立ち日本の土を踏んだのだ。

マスコミに流された彼の第一声は「恥ずかしながら帰って参りました」であった。この言葉は、戦争をほぼ忘れかけ、経済の高度成長期を迎えた日本が、東京オリンピック、札幌オリンピックの両大会の開催により、世界の一流国と認められ始めたとして、浮足立っていた日本人には、戦争の記憶を呼び覚ます衝撃的な言葉であった。事実、これがその年の流行語となったから、当時の日本人に与えたインパクトの強さを物語っていると言えるだろう。

一九一五年に愛知県海部《あま》郡佐織《さおり》村（現愛西《あいさい》市）で生まれた横井氏は、小学校卒業後の約五年間は愛知県豊橋市の洋品店に勤務。一九三五年には満二〇歳で徴兵検査を受け、帝国陸軍に入営。四年間の軍務の後に洋服の仕立て屋を開く。一九四一年には二六歳で再召集され、満州を経て一九四四年からは、日本が占領後大宮島と呼んでいたグアム島の歩兵第三八連隊に陸軍伍長として配属された。

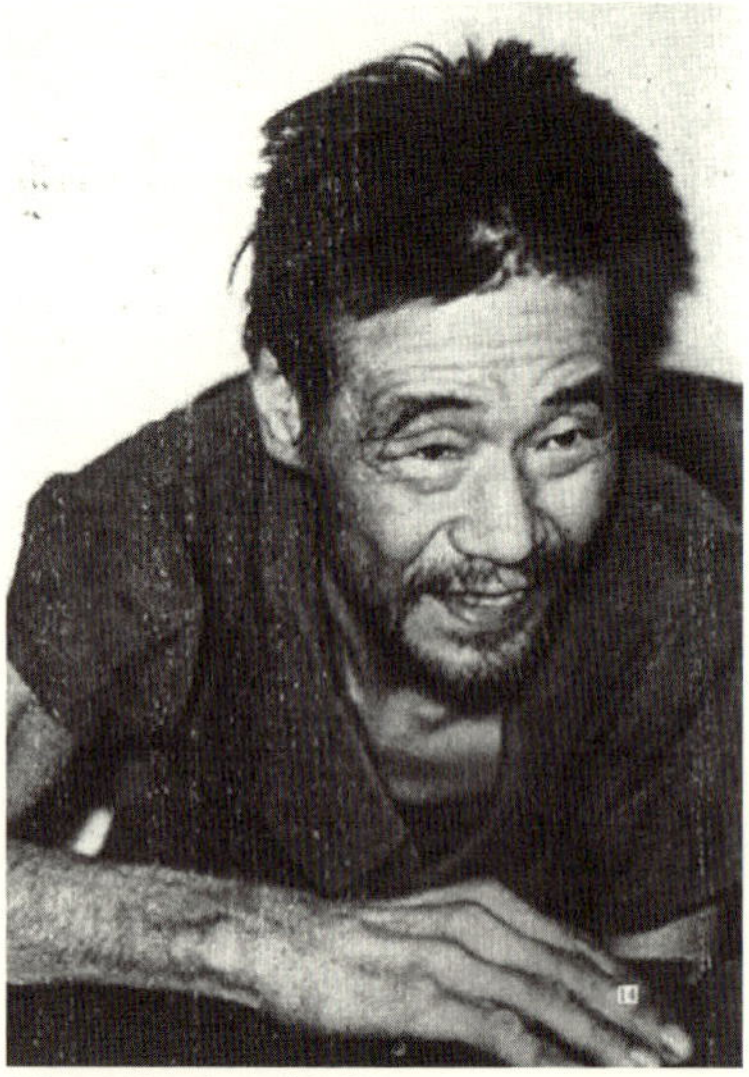
発見当時の横井氏

当時グアム島には約二万人の日本兵が駐屯していた。横井氏は飛行場の建設作業と食料の運搬作業に従事していたが、グアム島に配属されて三ヵ月後の七月二十一日には、米軍が上陸。二万人の日本軍守備隊は壊滅的な打撃を受け、生還者はたったの一〇三五人という被害を出し、二ヵ月後にはグアム島は米軍の手に落ちた。横井氏ら三名は川沿いにいたことで戦闘で孤立し、グアム島が陥落したことを知らなかった。

当時、グアム守備隊壊滅後も生き残った一部の将兵は山中に撤退し、ゲリラ戦を戦い続けていたが、一九四五年の日本のポツダム宣言受諾によって、日本軍の無条件降伏が発令されたことも横井氏たちには知らされなかった。横井氏らはジャングルや竹藪に作った地下壕などで生活。元来手先の器用な横井氏は野豚を捕る仕掛けを作ったり、パゴ（ハイビスカス）の木から繊維を採り、それを織る機織り機や、川でウナギや魚を捕るかご、ココナッツの実で作った椀などを作り、生活はそれなりに充実していたという。

日本人観光客が押し寄せるグアム島にたった一人で潜伏

そのうちに、プロペラ音とは違う凄まじい音を立てて飛ぶ大型飛行機を目撃し、それには米軍のマークを付けていたが、日本の救援部隊が必ず逆上陸してくることを疑ったことがなかったという。

しかしどこへ逃げても、米軍兵士が食べ残した缶詰やタバコなど、敵の痕跡をいたるところで見かけるようになり、一時は筏《いかだ》を組んで潮流に乗って日本に帰ろうと計画したこともあった。そのためにジャングルを出て海岸線に出てみたが、横井氏たちの上陸時に海岸線まで迫っていた鬱蒼とした木々がすべて切り倒され、海岸に沿って見たことのない立派な舗装道路が走っていた。これを目にしたとき、米軍の目をかいくぐって筏で乗り出すことは、とても無理だと知ったという。

グアム島要図

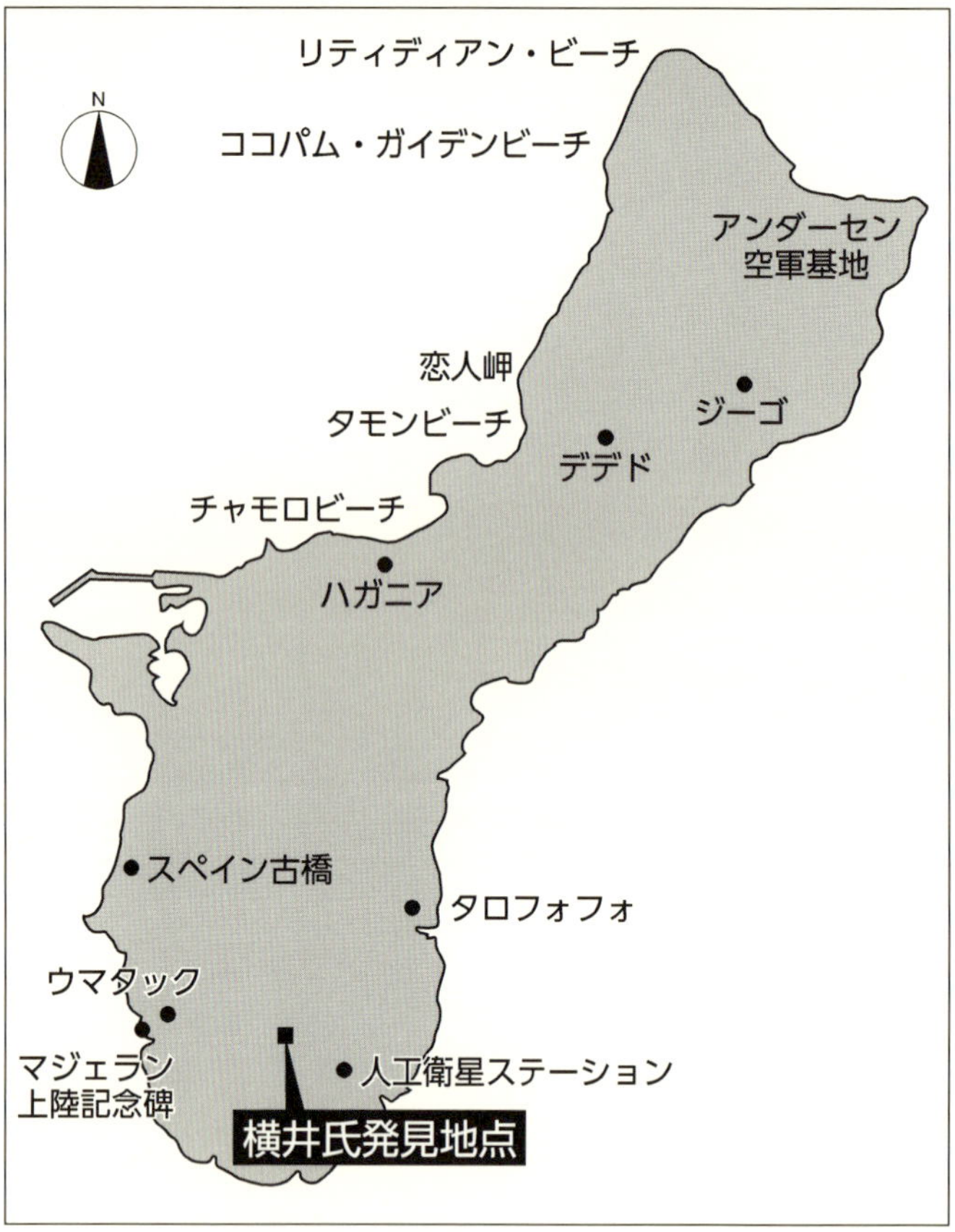

　一九五〇年代に入ると、各地で日本兵探しが始まった。一九五八年には東京タワーが完成するなど、日本も戦後の荒廃から脱却できるようになっていたのである。一九六〇年、グアム島のジャングルで日本兵二人が発見され、未だ日本兵が隠れている事実を告げた。

これをきっかけに、グアム島で日本兵探しが本格化した。ジャングルに隠れている横井氏たちは、台風による影響で食糧不足が重なり、東京でオリンピックが開催された一九六四年には二人の仲間が死亡。横井氏はたった一人でジャングルに潜み、孤独の戦いを始めざるを得なかった。一九六七年にはパンアメリカン航空が東京―グアム定期便を開設し、日本からの観光客が押し寄せるようになったが、横井氏にとってはまったく別の世界での話だった。

満州からグアムに転進してから約二八年後の一九七二年一月二十四日、横井氏はエビやウナギを採るためにワナを仕掛けに行ったところ、鹿狩りに来た現地人親子と鉢合わせした。その後、米軍などの協力を得て日本政府が保護することとなり、同年二月二日に、満五七歳で日本に帰還したのである。

「恥ずかしながら帰って参りました」が流行語に

二度も召集を受け、軍事教育を受けて育った横井氏は「生きて本土へは戻らぬ決意」で出征した記憶がしっかりとあったため、帰国の際の羽田空港で、出迎えに来た斎藤邦吉《さいとうくにきち》厚生大臣に「何かのお役に立つと思って、恥をしのんで帰ってまいりました」と伝え、その後の記者会見では「恥ずかしながら生きながらえておりましたけど……」と発言した。

これらの言葉から「恥ずかしながら帰って参りました」の言葉になったのである。

横井氏は、帰国後には愛知県名古屋市に居住した。戦後の日本の変化に適応できるかどうかが心配されたが、驚くほど素直に戦後の日本に馴染んだ。その後、花嫁を一般公募すると応募者が殺到した。幡新美保子さんと結婚した後は、自身のグアム島でのサバイバルについて耐乏生活評論家、あるいは生活評論家として全国各地を講演して廻った。

当時の石油ショックに伴い、節約生活について自らの経験を語ったり、ベストセラーになった小松左京の小説『日本沈没』などのブームに関連して、災害時のサバイバルについて雑誌などのインタビューを受けた。

一九七四年七月には、第十回参議院議員通常選挙の全国区に無所属で立候補したが落選。この後、マスコミの扱いも次第に終息し、横井氏の生活は落ち着いたが、ヘルニアや胃がんなどの病気がちとなり、一九九七年には、心臓発作を起こし満八二歳で死去した。

多くの日本兵が、八月十五日以降も闘いを続け、戦後に「戦死」しているが、最後に帰国したのは一九九〇年である。田中清明《たなかきよあき》と橋本恵之《はしもとしげゆき》の両氏はマレーシアで反政府ゲリラに参加しており、終戦から四五年間も戦闘していたことになる。

上官の命令でルバング島に残った小野田少尉の頑なな終戦

ルバング島で小野田少尉と接した鈴木紀夫氏

一九七八年夏、原宿通りを一本裏通りに入った住宅街にある喫茶店の開店準備作業中の鈴木紀夫《すずきのりお》氏に会いに行った。鈴木氏は一九七四年二月二十日に、フィリピンのルバング島の残留日本兵となっていた小野田寛郎《おのだひろお》少尉に遭遇した人である。鈴木氏自身は結婚してしばらく執筆活動などをしていたが、夫婦で喫茶店を開くこととなり、内装作業などをすべて手作業で行なっていたのである。

「ジャングルが開けたところを歩いていると、身の丈もあるような草の間から突然飛び出して来たんです。小野田さんが……。銃をピタッと僕の方に向けて、まさに撃とうとしていたんです。その時の小野田さんの人を射抜くような眼光が鋭く、本気で殺されると思いましたよ。今でもあの時の小野田さんの眼光の鋭さが蘇り、夢に見て飛び起きることもしばしばあります」と言うから、鈴木氏にとって二人の出会いは衝撃的だったのである。

それもそのはずで、作戦行動中の小野田少尉に出くわしたのだから、若い鈴木氏がこれまで味わったことのない、殺気に怯えたのも無理はないだろう。だが、この出会いがきっかけで小野田氏は、戦後二九年にわたったルバング島での作戦をようやく終了させた。

鈴木氏によると、小野田氏は帰国後、日本のマスコミが「ルバング島」と呼んでいるのを「ルバングと言うのは正しくない。香港が Hong Kong と書いてホンコンと呼ぶように、正確にはルバン島と呼ぶのが正しい。なんで統一できないのか」と、いぶかっていたようだ。これも旧日本陸軍のスパイ養成学校・陸軍中野学校を出て、情報将校として現役を続けていた人だからこそだろう。情報は常に正確であらねばならないという中野学校での教育が小野田氏の身体の中にしみこんでいた証拠だと言えるエピソードだ。

ゲリラ活動を命じられた中野学校出身の小野田少尉

小野田寛郎氏（一九二二年三月十九日―二〇一四年一月十六日）は、和歌山県海草郡亀川村（現海南市）に生まれ、旧制海南中学校を卒業後は民間の貿易会社に就職し、中国の漢口《かんこう》支店勤務となり中国語を習得した。満二〇歳の一九四二年に、本籍地の和歌山で徴兵検査を受け、和歌山歩兵第六一連隊に陸軍二等兵として入営した。

一九四四年に予備役将校を養成する甲種幹部候補生を志願し、久留米第一陸軍予備士官学校へ入校する。卒業後、中国語ができたことから選抜されて陸軍中野学校二俣分校に入校。主に遊撃戦（ゲリラ戦）の教育を受ける。

秘密行動を専らとする情報将校を育成する中野学校は、軍歴を残さないために卒業はなく、教育修了者には「退校命令」が出された。同年十二月には山下奉文《やましたともゆき》大将が司令官であるフィリピンの第一四方面軍に残置諜報および遊撃指揮の任務で配属された。

戦局は極端に悪化しており、第八師団長の横山静雄《よこやましずお》中将から負け戦になっても玉砕はまかりならぬ、撤退したとしても必ず迎えに行くから、彼の地に残って残置諜報を続けるようにと命令され、マニラ湾の出入り口にあるルバング島に赴任した。ルバング島からはマニラ港の連合国軍艦船や航空機の状況が一目でわかるのだ。

一九四五年二月二十八日に米軍約一個大隊がルバング島に上陸。日本軍各隊は米軍艦艇の艦砲射撃などの大火力に撃破され、山間部に逃げ込んだ。小野田少尉は命令通り、友軍来援時の情報提供を行なうため、島田庄一《しまだしょういち》伍長、小塚金七《こづかきんしち》上等兵、赤津勇一《あかつゆういち》一等兵と共に遊撃戦を展開した。

八月を過ぎても小野田少尉に任務解除の命令が届かなかったため戦闘を継続し、ルバング島が再び日本軍の制圧下に戻った時のために密林に籠もり、情報収集や諜報活動を続ける決意をする。

小野田少尉たちのゲリラ戦と小塚上等兵の死

フィリピンは戦後にアメリカの植民地支配からの独立を果たしたものの、米軍はフィリピン国内に留まっていた。これを小野田少尉は「米軍によるフィリピン支配の継続」、またはフィリピン政府を「アメリカの傀儡《かいらい》」と解釈した。その後も持久戦により在比米軍に挑み続け、島内にあった米軍レーダーサイトへの襲撃や狙撃、撹乱攻撃を繰り返し、合計百数十回もの戦闘を展開した。

彼らは初期には、山中に隠したドラム缶に詰めた米を食べていたが、それを食い尽くすとバナナや椰子《やし》、野鶏や一メートルもあるトカゲを食べ、時には放牧された牛を奪った。そのため警察や農民から追われることも多く、彼らが継続した戦闘行為によって、フィリピン警察軍、民間人、在比米軍の兵士を三〇人以上殺傷したとされる。狭い島のジャングルに潜む生活は、毎日場所を替え、いざという時に備えて斜面に寝ていた。雨期には小屋を作って凌いだが、小屋を始末するにも痕跡を残さないように気遣ったという。

小野田少尉は、一九四五年九月に戦死広報が出されて葬儀もすまされて、戦没者として勲六等単光旭日章に叙されていた。

ルバング島要図

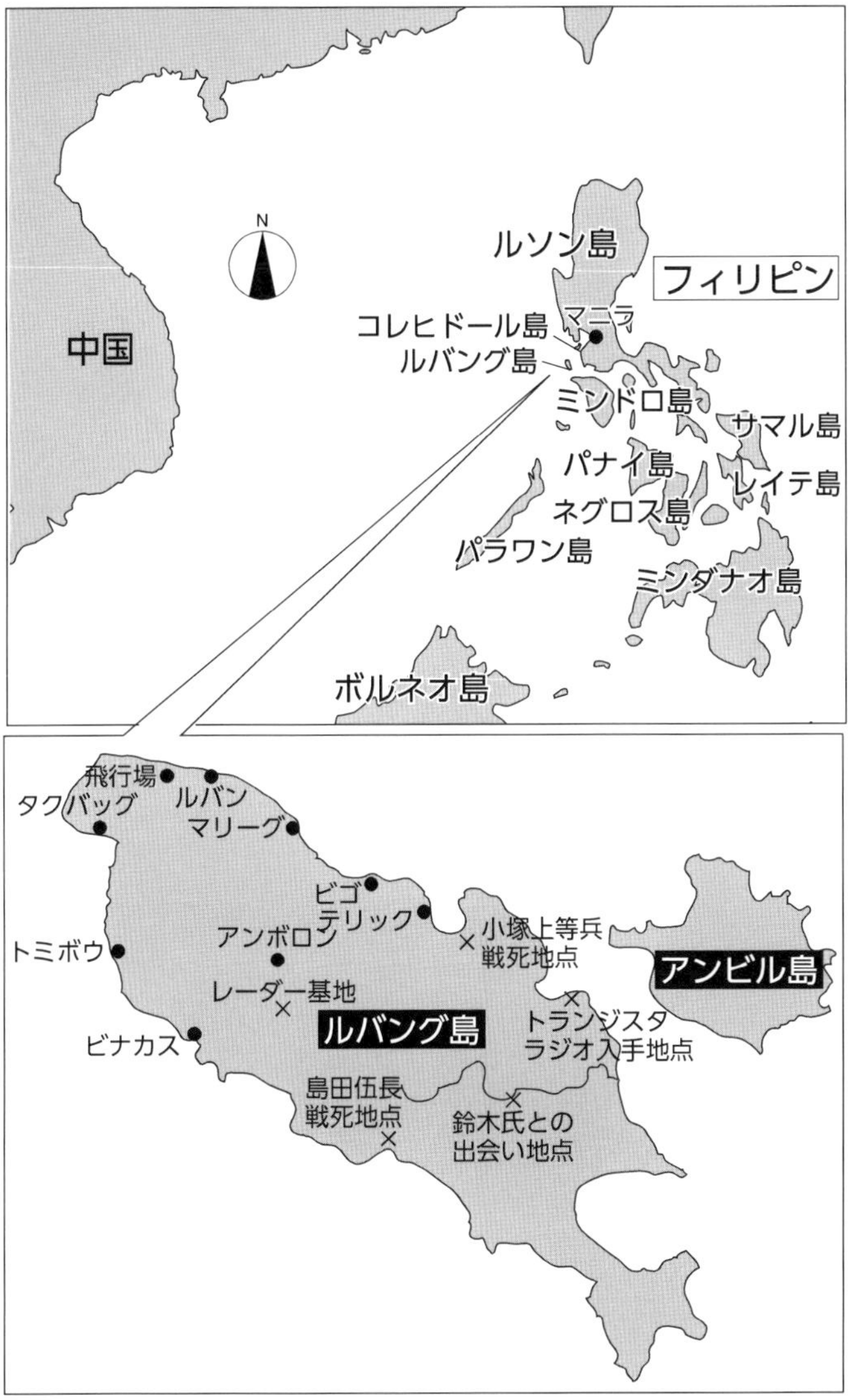

だが、一九五〇年六月に赤津勇一一等兵が米軍に投降したことで、小野田少尉ら三人の残留日本兵が存在することが判明する。しかし、その後の地元警察との戦闘で、一九五四年五月には島田庄一伍

長が、一九七二年十月には小塚金七上等兵が戦死してしまった。

小野田少尉は、帰国後に『わがルバング島の30年戦争』（講談社）の手記を記すため、伊東市にある講談社社長の別邸で過ごしている。この時、出版社から最新のカメラをプレゼントされ、庭に舞い降りた鷺《さぎ》が、池の鯉を捕らえる瞬間の写真を撮ろうとして、半日近くも身動きせずに息を潜めてシャッターチャンスを待っていたという。

彼は子どもの頃から、一旦心に決めたら周囲の迷惑を考えずに実行するタイプだったようで、諜報活動に最適の性格であったと思われる。

戦後日本の情報を正確に摑んでいた小野田少尉

小野田少尉の思考は、兵隊になった二〇歳で停まってしまったようだ。彼らがルバング島に生存していると確認されると、度々捜索隊が送られ、ジャングルから出てくるようにと呼びかけられたが、すべてを米軍の謀略活動と判断していた。

特に、一九七二年十月の小塚上等兵の戦死を受け、厚生省援護局職員および小野田少尉と小塚上等兵の家族や戦友が、ルバング島に赴いて、小野田元少尉の捜索が行なわれた。この時は小野田少尉の発見にはいたらなかったが、小野田少尉はジャングルの中で、自分を捜索する兄の姿を目撃していたという。しかし、兄たちの行動はアメリカの支配下にある日本の傀儡政権に強制されたものだと推測したという。

捜索隊は、小野田少尉が現在の情勢を知らずに戦闘を継続していると考え、新聞や雑誌などを残していったことで、小野田少尉は一九五九年の皇太子成婚や一九六四年の東京オリンピック、東海道新幹線開業など、繁栄する日本のことを知った。

恩賜のタバコを受け命令解除を伝達される小野田少尉

しかし諜報教育を受けたことで、現在の日本はアメリカの傀儡政権で、亡命政権が満州にあると考えたようだ。投降を呼びかけられても、日本の終戦を信じず、朝鮮戦争時には米軍機を見ても、亡命政権が当初の予定通り反撃を開始したとし、ベトナム戦争時にはベトナムへ向かう米軍機を見ると、いよいよ日本はアメリカを追い詰めたと信じたようだ　陸軍中野学校での教育のすさまじさもあるが、小野田少尉自身が一途に信じ込む性格であったことなのだろう。
彼らは日本製トランジスタラジオを入手し、一九六八年のマーチス、タケシバオー、アサカオーの三頭対決とされた〝七夕《たなばた》ダービー〟を小塚上等兵と聴き、四番人気のタニノハローモアの優勝を的中させている。また、歌謡番組も聴いており、北島三郎《きたじまさぶろう》と水前寺清子《すいぜんじきよこ》がお気に入りの歌手だったそうだ。

戦後の日本に馴染めずブラジルへ移住

ルバング島での捜索活動に触発された鈴木紀夫青年が、小野田元少尉との接触に成功したことで、小野田少尉は直属上官の命令解除があれば任務を離れることを了承した。

一九七四年三月九日には、かつての上官である谷口義美《たにぐちよしみ》元陸軍少佐から、口達での「参謀部別班命令」で任務解除・帰国命令が下ると、彼は谷口元少佐にフィリピンの最新レーダー基地などの報告をした。

翌日の小野田少尉の投降式には、当時のマルコス大統領も出席し、フィリピン軍司令官に軍刀を渡し、武装解除された。小野田少尉が、住民を殺傷して物資を奪ったことは、フィリピン刑法の処罰対象になるのだが、彼は終戦を信じられずに戦闘行為を継続していたと主張し、フィリピン政府は彼を恩赦して刑罰対象者としなかった。

ゲリラ活動をする小野田少尉は、痕跡を残すことを恐れ、暦はすべて頭の中だけで把握していたが、三〇年の暮らしで六日間しかずれていなかったという。この時、彼は五一歳だったが、自分の寿命を六〇歳と決め、六〇歳になったらレーダー基地に突入攻撃をして果てる覚悟だったという。

こうして小野田少尉の戦争が終わり、三月十二日に帰国を果たした。一九七二年に発見された横井庄一氏は、極度の栄養失調であったが、小野田氏は頑健な肉体であった。ルバング島には風土病もなく毒蛇もいなかったことが幸いしたようだ。

だが小野田氏は「軍国主義の亡霊」と言われ、変貌した日本に馴染めず、「実は戦争が終わったことを知っていたのでは……」と彼の言動の矛盾を指摘するマスコミもあった。そのためか、次兄のいるブラジルに移住して小野田牧場を経営することを決意。帰国後に結婚した妻の町枝と共に移住し、一〇年を経て牧場経営を成功させた。

その後、凶悪な少年犯罪が多発する日本社会を憂い、「小野田自然塾」を主宰して、自らの密林でのサバイバル経験を基に、逞しい日本人を育成する講演会や野営などを行なった。保守系の活動家でもあり、日本を守る国民会議、日本会議代表委員などを歴任。社団法人日本緑十字社理事にも就任した。二〇一四年一月十六日、肺炎のため東京都中央区の病院で死去。享年九二であった。

鈴木紀夫氏は原宿の喫茶店をやめ、再び放浪の旅に出た。今度はヒマラヤで雪男を発見するための旅だった。鈴木氏は小野田さんとパンダ、雪男に会うのが夢だと語っていたから、もう一つの夢を実現するために行動を起こしたのだろう。

一九八六年十一月、ヒマラヤのダウラギリのベースキャンプ付近で遭難。翌年十月に遺体が発見された。享年三七。

鈴木氏の死について、小野田氏は「死に残った身としては淡々と受け止めてはいるが、友人の死は残念だ」と語っている。その後小野田氏はヒマラヤを訪れている。

モロタイ島で発見された台湾・高砂族出身の残留日本兵

小野田氏がジャングルから出た一九七四年の暮れに、インドネシアのモロタイ島で、台湾の高砂族出身で日本名を中村輝夫《なかむらてるお》とした残留日本兵が発見された。

彼は日本に帰りたいとしたが、当時の日本政府は台湾と断交状態にあり、台湾に送還された。台湾の中華民国政府は日本軍を敵としており、招かれざる客であった。彼は生きる目的を見つけられずに、飲酒と喫煙の中毒状態となり、一九七九年に死亡している。

第三章

戦後日本のカタチを決めた米ソの冷戦構造

GHQがあった旧第一生命ビルは再建されDNタワー21となった

世界で「八月十五日＝終戦」になっていない理由

八月十五日を「終戦」とする日本人だけの常識

日本は一九四五年八月十四日に、連合国にポツダム宣言を受諾すると告げた。その翌日の十五日には、天皇が日本国民に直接ポツダム宣言受諾を告知し、大日本帝国将兵に武器を置いて戦闘行動の中止を命じた。つまり休戦の日である。そして九月二日には、天皇の命により国家として正式に降伏文書に署名した。ここで日本の降伏が正式に認められたのである。だが、日本人の常識となっている一九四五年八月十五日という終戦記念日は、ごく単純に考えても、各方面と時差の問題がある。

われわれは学校で、一九五二年九月二日、サンフランシスコで行われた講和条約締結で国際社会に正式にデビューしたと習った。ではこの日を期にして、各国との戦闘状態が正式に終了したのかというと、事はそんなに単純ではない。

サンフランシスコ講和には、中国とソ連その他の国が参加していなかった。このため日本は、それらの国々とは別個に条約を交わさなければならなかった。中国（中華人民共和国）とは一九七二年に国交を回復し、日中共同宣言を通じて正式に戦争状態を終わらせたが、北方領土問題を抱えたソ連とは、一九五六年の日ソ共同宣言は、両国が国会で批准した条約扱いとなっているが、未だに平和条約は結ばれていないのだ。

このように考えると、交戦国それぞれに終戦記念日があり、この日が決定的な終戦の日だとはなかなか言えないのが実情だ。

例えばアメリカ合衆国では、八月十四日に日本が降伏することが報道された。その日にトルーマン大統領はポツダム宣言を説明し、日本がそれを受け入れたと告げた。だが、ＶＪデー（対日戦勝記念日）は九月二日の降伏文書調印を見届けた上で布告するとした。九月二日の戦艦ミズーリ上での調印式を実況中継したラジオ放送が終わった後、トルーマンがラジオで演説し、九月二日を正式にＶＪデーとし、第二次世界大戦を勝利で終えたことを宣言したのである。従ってアメリカの第二次世界大戦の終了は一九四五年九月二日ということになる。

ソ連では、降伏調印の翌日の九月三日を対日戦勝記念日としていた。ソ連は八月九日に対日戦を開始し、降伏調印式が行なわれている九月二日に歯舞諸島攻略作戦を発動し、九月五日に千島全島占領を完了させた。ソ連にしても作戦中の九月二日を戦勝記念日とは言えず、翌三日に戦勝記念式典を開いて体裁を整えたのである。

その後、九月三日を正式な対日戦勝記念日と定めていた。だが、ソ連崩壊後の二〇一〇年七月に、政権を受け継いだロシア連邦共和国議会が、九月二日を「第二次世界大戦が終結した日」と制定する法案を可決した。これによってロシアは第二次世界大戦を連合国として戦った国とアピールでき、同時に対日戦で行なったあらゆる行為を帳消しとし、北方領土の実効支配を正当化できるというしたたかな計算があると言えるだろう。

中華民国は、中国大陸での戦闘の主役であり、連合国の一員としてポツダム宣言にも加わった。帝国陸軍支那《しな》派遣軍は、九月九日に南京で正式な降伏調印をし国民党軍に降伏した。だが国民党政府は九月二日を戦闘の区切りとし、翌九月三日から三日間を抗日戦争勝利記念の休暇としたことから、中華民国では九月三日が記念日となった。

現在の中国である中華人民共和国の成立は一九四九年で、戦勝国とするには無理がある。そこで、九月二日の翌日を独自の対日戦勝記念日と制定し、全国人民代表者会議で「日本の侵略に対する中国人民の抗戦勝利の日」と決定したのは二〇一四年のことだ。二〇一五年には軍事パレードを含む派手な戦勝記念日行事を行ない、既成事実化を図っている。

朝鮮半島では、大韓民国と朝鮮民主主義人民共和国ともに、一九四五年時点で国家として存在していないため、八月十五日を韓国では光復節、北朝鮮では解放記念日としている。

ヨーロッパでの戦勝記念日は時差により日時が違う

ヨーロッパでは、ドイツが正式に連合国軍最高司令官アイゼンハワー元帥に降伏文書を提出し、署名した時がVEデー（ヨーロッパ戦勝記念日）となる。

フランスのランスにあった連合国軍総司令部で調印された停戦発効時間は、中央ヨーロッパ時間では五月八日二三時一分で、当時西ヨーロッパ夏時間を採用していたイギリスでは、五月九日〇時一分となり、停戦発効時間の日付が一日ずれているのだ（当時、中央ヨーロッパ時間はグリニッジ標準時にプラス一時間とし、イギリスの夏時間はプラス二時間としていた）。

さらに複雑なのはソ連との関係である。ソ連は赤軍が進駐しているベルリンで再度降伏調印式を行なうことを主張した。それが認められ、五月八日にベルリン市内のカルルホレストに連合国首脳が再度参集して調印が行なわれた。

その時、連合国最高司令官のアイゼンハワー元帥は、ソ連側から出席を要請されたが欠席し、代理として副司令官であるイギリス軍のアーサー・テッダー元帥を派遣した。調印式は五月八日正午に行なわれる予定だったが夜半までずれ込み、結果的には午後一一時から調印が始まった。そして全員の調印が終わったのが、ベルリン時間の五月九日午前〇時一五分だった。

これはモスクワ夏時間では、五月九日午前二時一五分となるため、東側からドイツに攻め込んだロシア、カザフスタン、ベラルーシなどのソ連圏諸国では五月九日が対独戦勝記念日となっている。

ソ連はヨーロッパでも終戦後に戦闘を続けていた

このように、タイムラグがあったものの、ヨーロッパではドイツが降伏した一九四五年五月八日で戦闘が終わったとする見方が一般的であろう。

だがソ連はヨーロッパにおいても、この後にドイツ軍に対する戦いを継続したのである。ベルリンは陥落していたが、チェコスロバキアにはドイツ軍中央軍集団約九〇万の将兵が残存していた。五月六日にはソ連軍はそれを掃討するため、南ベルリンからウクライナ出身兵を中心とした約二〇〇万の兵士を派遣した。行き場を失ったドイツ軍は、チェコ国内の反共勢力と協力して果敢に戦ったが、本国そのものが降伏したために補給もなく、ついに五月十一日にはソ連軍に押し潰されるように壊滅してしまった。生き残った者も処刑されたり強制労働キャンプに送られたのである。

ソ連軍のこの行為は、チェコなど東ヨーロッパへの影響力を強めるため、反対勢力になりそうなものを一掃すると同時に、戦後を見据えて米英勢力を東ヨーロッパに入れないための戦略だとする説もある。だが、弱体した勢力を徹底して叩いておくという、ソ連の苛烈な戦略が根底にあることがわかる。

こうしてヨーロッパの終戦日を見ていくと、その微妙な時間のずれから生まれた戦後世界の実像と、ヨーロッパの歴史の中で培われた、冷徹な戦略的構造を垣間《かいま》見ることができると言えよう。

アメリカの日本占領政策が生んだ光と影

無期限、無制限の米軍基地の使用を認める

一九五一年九月八日、最初の日米安保条約が結ばれた。その日、吉田茂《よしだしげる》首相はサンフランシスコのオペラ・ハウスで対日講和条約（正式名＝日本国との平和条約）に署名。そして、講和会議の舞台となった華やかなオペラハウスとは対照的な、プレシディオ国立公園の下士官用クラブハウスの一室で、同日の午後五時から日米安保条約（正式名＝日本国とアメリカ合衆国との間の安全保障条約）の調印式が行なわれた。

この調印式は、吉田首相の意向で他の全権委員は欠席しており、吉田首相は一人で条約に署名したのである。この条約に基づき、ＧＨＱ麾下《きか》のうち米軍部隊は在日米軍となり、他の連合国軍（主にイギリス軍）部隊は撤収することになった。

だが、日本とアメリカの二国間で結ばれた日米安保条約が、一体いかなる内容のものなのかは、この段階まで一切公表されずに秘密にされていたのである。この安保条約は前文と五ヵ条からなる簡単なものだった。

前文では、当時の日本の状況は「日本国は武装を解除されているので、平和条約（サンフランシスコ条約）の効力発生の時において固有の自衛権を行使する有効な手段を持たない。無責任な軍国主義がいまだ世界から駆逐されていないので、前記の状態にある日本国には危険がある」との認識に立っていた。

サンフランシスコ講和会議（中央は吉田首相）

つまり、せっかく連合国との平和条約を結んでも、日本は武力を持たないので、国の内外にまだ残っている軍国主義の台頭を抑え込むことができない。従って、平和条約を実効性のあるものとすることが困難であると述べられていたのである。

そして「よって、日本国は平和条約が、日本国とアメリカ合衆国との間に効力を生ずるのと同時に、効力を生ずべきアメリカ合衆国との安全保障条約を希望する。（中略）日本国に対する武力攻撃を阻止するため、日本国内およびその付近にアメリカ合衆国がその軍隊を維持することを希望する」と続く。

この前文にも明記されているように、日米安保条約は日本の切なる願いをアメリカが受け入れる形で結ばれたものであった。そして、この安保条約を具体化するものとして翌年二月二十八日に「日米行政協定」が結ばれた。

前文と二九条からなる行政協定には、現在の安保条約での地位協定と同じように、米軍の日本駐留について、その人数、軍事基地、米軍兵士などの法律違反に対する裁判権の帰属、課税の方法、日本の財政負担などが細かく決められていた。

中でも基地使用に対しては、米軍の必要があれば、国有地と民有地を問わず接収できることになっていた。しかも、その範囲、期限についての取り決めがなかった。つまり、無期限、無制限の米軍の軍事基地使用を認めていたのである。

これはアメリカに対する日本の従属的な地位を示すようなもので、世界でも珍しいものであった。さらにはこの行政協定は安保条約第3条による取り決めであるため、国会の承認は必要なしとされ、日米両政府間で調印されただけで直ちに施行されたのである。

朝鮮戦争で崩れたアメリカの対日統治構想

当時、アメリカは日本の軍事力が再び台頭するのを恐れていた。そのために日本に平和憲法を押し付けたと言えるだろう。米軍の保護の中で経済復興を推進し、日本社会を安定させれば、日本の再武装も日本への米軍駐留も必要なく、若干の警察力の強化をすればよいというアメリカの初期の対日安全保障構想は、自由貿易による国際経済体制の維持、米海軍による太平洋支配という二つの原則に基づくものだった。

しかし、一九五〇年に勃発した朝鮮戦争が、こうした原則を大きく変えることになった。朝鮮戦争でアメリカは、海軍力と合わせて地上兵力の重要性を改めて確認した。北朝鮮軍は大兵力の地上部隊を投入し、たちまちソウルを攻略して一気に釜山《プサン》にまで迫ったのだ。米韓合同軍は釜山の橋頭保に踏みとどまって、北朝鮮軍の激しい攻撃を凌いだ。その間、航空母艦から発進した航空機が空爆を仕掛けたが、それだけでは効果が上がらなかったのである。大量の地上軍を送り込み、それに対する補給を滞りなく行ない、効果的な運用をするために、日本の基地が持つ戦略的な重要性が認識されたのである。

冷戦が本格化しつつあった当時、アメリカはソ連の封じ込めに、日本が戦略的な位置にあることを再認識するようになった。

日本列島の存在は、ソ連の太平洋進出のための出口にあたっているのは地図を見れば明らかだ。また、もう一つの社会主義大国の中国と、緊張が続く朝鮮半島に隣接しているのだ。このような地政学的条件から、日本は戦後の米軍がアジアで展開した紛争や戦争解決にとって、不可欠な前線基地となってきたのである。

だがこのことは日本にとって、安全保障面での役割のほとんどを、米軍に任せることとなってしまった。この視点からすれば、米軍の駐留のために必要なのは、安定した保守党政権である。共産主義もしくは社会主義のイデオロギーを持った政党が政権を取れば、日本に米軍が駐留すること自体が難しくなるだろう。そればかりではなく、米軍の存在自体が政争の道具として利用される可能性が高くなるのだ。

そうなれば、アメリカは冷戦を戦えなくなり、世界戦略も頓挫してしまうのだ。アメリカは一九五〇年に、日本政府に対し警察予備隊の創設を命じ、朝鮮半島に出動した米軍に代わって日本国内の治安を司る役目を与えた。それによって安定した保守政権を維持させようとしたのである。警察予備隊は後に保安隊になり、自衛隊へと改編されていく。

日米安保条約の米軍基地問題は労働争議を激化させた

これらの経緯を見ると、日米安保条約に署名した時点から、日本は日米同盟というはっきりとした選択をし、それを政策の座標軸にすることになったのである。

それは西側諸国はもちろん、西側の影響下にある地域や国々の資源や市場に、自由なアクセスを持てるということでもあった。つまり日米安保条約は、戦後の日本経済を急速に復興させ、発展させる大きな理由の一つとなったのである。一九六〇年に新しい安保条約が結ばれ、日本国内に大騒動を引き起こしたが、それ以降もこの大枠が変化することはほとんどなかった。

日本の外交を含むあらゆる政策は、ほとんどが日米安保条約の枠内で決定され、実施された。日本が「自主性のない国」「顔のない国」「アメリカの五一番目の州」などと言われ続けるルーツの一つはこの点にある。

講和条約と日米安保条約を契機として、日本の対外政策が方向付けられて行くのに相前後して、日本国内でも政治体制作りの手続きが進行していった。それは二大保守政党の自由党と進歩党。そして中道政党の協同と旧無産政党を統合した社会党と共産党が出発した。

その後、分裂と合同を繰り返しながら、保守（自由民主党）と革新（社会・共産）の二つに分立していき、一九五五年にはいわゆる五五年体制と言われる保守と革新の政党それぞれの大同団結があり、自由民主党の一党支配に落ち着いていった。

世界的にも一九五五年には、ＮＡＴＯ（北大西洋条約機構）が結成され、軍事的にもソ連を封じ込める態勢が整った。このことからすれば、冷戦構造を戦うアメリカの世界戦略の一環として日本の政治機構も決まってきたと言わねばならない。

しかし、日本の政治機構の底流には、民主主義を巡って二つの潮流がぶつかり合っていた。それを一言で言えば、社会主義を基調とする勢力と、西欧的自由主義を基調とする勢力の対立である。この対立は労働組合のストライキ、基地反対闘争や大学紛争となって表面化した。

安保条約を発効した一九五二年から一九六〇年の新安保条約まで、八年間に起こったストライキや騒動の主なものを挙げてみると、一九五二年の破壊活動防止法反対ストライキと電産・炭労ストライキ、一九五三年の石川県内灘《うちなだ》基地反対闘争と三井鉱山人員整理反対闘争、一九五四年の尼崎製鋼争議と近江《おうみ》絹糸《けんし》の人権ストライキ、一九五五年の砂川基地反対闘争と北富士演習地事件、一九五七年の相馬《そうま》ヶ《が》原《はら》演習場農婦射殺事件と日教組勤務評定反対闘争、一九五八年の苫小牧《とまこまい》王子製紙ストライキと、大きな紛争や争議が連続し、そして一九六〇年の安保改定反対闘争と続く。

これらの騒動の中には、日本に駐留する米軍の軍事基地に対する反対運動が相当数含まれている。一九五五年当時には、日本国内には六五七ヵ所、四億一〇〇〇万坪の米軍基地が存在しており、また米軍の要請があれば、いつでもどこでも基地が無制限に拡張できるとされていたのである。

しかも、そのための土地・施設はもちろん、米軍駐留に伴う年額一億五五〇〇万ドルの経費も日本側が負担することになっていた。こうした世界でも類を見ない基地制度に対する国民の反発は激しく、基地拡張反対運動は激しさを増していったのである。

朝鮮戦争が自衛隊を発足させ日本経済を復興させた

アメリカの政治的失敗で北朝鮮軍が南へ侵攻

二〇一五年三月の国会答弁で、安倍晋三《あべしんぞう》首相が、自衛隊を「わが軍」と呼んで物議をかもしたが、毎年約五兆円の予算が付く防衛省の実質を担う部分は、「自衛隊」という日本国が認めた武装集団ではあっても「日本軍」ではない。

なぜそうなのか？　この疑問を突き詰めていくと、戦争を放棄した日本国憲法の第九条と、日本に対する武力侵攻に武力で対処する日米安保条約にたどり着く。

実を言うと、日本国憲法と日米安保条約の矛盾の狭間に「自衛隊」誕生の秘密があったのだ。この二つの法的拘束力が、日本の安全保障と外交・経済政策の根本を方向付ける決定的な要素となっていることがわかってくる。この基本的な部分を知るにはまず、自衛隊発足からの歴史を振り返ってみることが、理解を早めるのに役立つだろう。

一九五〇年、第二次世界大戦後のアメリカの世界戦略が打ち出された。この時、米上院外交委員会が公表した外交・防衛方針が引き金となって朝鮮戦争が始まる。

アメリカは極東地域の防衛線を、日本海から台湾海峡、南に下って東シナ海からマレー半島までとする海洋上の線引き（アチソン・ライン）をした。つまり、アメリカの新世界戦略の防衛線の中に、韓国がすっぽりと抜け落ちていたのである。

アメリカの極東防衛線

これは、北朝鮮にとって朝鮮統一の絶好のチャンスと映った。北朝鮮は米軍が朝鮮半島からほとんど引き上げたことを

見極め、この新戦略の公表により、アメリカはもはやアジア大陸での軍事的対決を望まないと読み取った。このようなアメリカの重大な政治的失敗が、一九五〇年六月二十五日に北朝鮮が南に侵攻する動機になったのだ。

アメリカは軍事的に手薄になった日本に自衛隊を創設

米・韓軍は釜山《プサン》に追い詰められたが、敵の後方である仁川《インチョン》に逆上陸。北朝鮮軍を撃退していくと同時に北方に追い詰めた。中国は同盟軍の北朝鮮軍の敗走で、米軍が満州に進撃してくるかもしれないという危機感を募らせ、人民解放軍を義勇兵として介入させた。それにより米軍は押し戻され、戦線は北緯三八度線あたりで膠着した。

その後しばらく睨み合いが続いたが、開戦から三年後の一九五三年七月二十七日、中国と北朝鮮が休戦に合意した。当時の中国軍と北朝鮮軍は壊滅状態で、米軍も疲労しきっていたのである。この朝鮮戦争で、軍人と民間合わせて二〇〇万人以上が死亡し、三〇〇万人が負傷したとされるが、現在でも北と南は北緯三八度線で休戦中であり、戦争状態は終わっていない。だからしばしば武力衝突が起きる。

実は、朝鮮戦争で戦った国連軍のほぼすべては、在日米軍で構成されており、米軍が朝鮮に進出した後の日本が軍事的に手薄になったことから、自衛隊が誕生する。

終戦から５年しか経たずに発足した警察予備隊だが、初期には整列もままならなかった

自衛隊の発足は、日本占領軍司令官マッカーサーの、「私は日本国政府に対して、人員七万五〇〇〇人からなる国家警察予備隊を創設し、現在の海上保安庁の定員をさらに八〇〇〇人増加するための必要な措置を講ずる権限を与える……」という書簡から第一歩を踏み出した。

この書簡が吉田茂首相に発せられたのは、朝鮮戦争が勃発した一九五〇年六月二十五日から二週間が経った七月八日だった。これを受けた日本政府の反応は驚くほど早かった。八月十日には、政令として警察予備隊の発足を公布し、直ちに施行したのである。

この政令は、行政府が政策を実行するために必要な手続きを通達するもので、国会での審議は必要とされない。後にそれに関連する法律を国会で成立させ、実行が可能になる。

安倍政権が、まず集団的自衛権行使を閣議決定し、自衛隊の行動に関する法律を国会に諮り、法律を成立させて実際の行動を正当化させる手法も、これに倣ったものだと言える。

翌一九五一年九月には、サンフランシスコで対日平和条約が調印され、同時に日米安保条約が調印された。平和条約と安保条約という二つの条約が発効したのは、一九五二年四月二十八日である。警察予備隊にさまざまな機関を吸収合併させ、後の国会で防衛庁設置法と自衛隊法の施行を成立させ、自衛隊の発足は一九五四年七月一日という手際のよさだ。

自衛隊は新たに創設した航空自衛隊を加えた、陸・海・空の三軍で編成し、明らかに外部からの武力攻撃に武力で対処する本格的な軍事力で、国防軍として発足したのである。一九五四年度の防衛関係費は一三九六億円、フリゲート艦一八隻、航空機一八〇機、陸上自衛隊員一三万人という規模だった。

しかし、その実体はミニ米軍というものだった。隊員の募集から配置、装備の調達、訓練にいたるまで、すべて米軍の軍事顧問団の指揮で行なわれ、採用された隊員は約五〇ヵ所の米軍キャンプに収容され、M1カービン銃とブカブカの米軍戦闘服を支給された。

発足当時の自衛隊を象徴するエピソードとしてこんな話がある。読売新聞社編の『再軍備の軌跡』（中公文庫）によると、当時の訓練教範も米軍用のものを直訳したものがほとんどで、例えば「かしら右」の号令を米軍は「アイズ・ライト」と言っていた。それを直訳し、「まなこ右」と言う号令にしてしまったため、隊長が号令をかけると、銃を担いだ男たちが流し目で行進したという。

朝鮮戦争の特需で息を吹き返した日本の産業

発足当時の自衛隊はこんな状態だったが、政治の世界ではその誕生については議論が百出した。憲法の「戦争放棄」と自衛隊の武力保持の整合性が問題の第一とされたのである。憲法第九条には「陸海空軍その他の戦力はこれを保持しない」と謳っており、自衛隊がこの〝戦力〟にあたるかどうかが与野党の攻防の焦点となった.

自衛隊が発足した当時の政府は「戦力とは近代戦を有効に行ないうる総合的な実力を指す。自衛隊にはいまだその実力がないから憲法違反ではない」という立場を執っていた。従って自衛隊は軍隊ではなく〝国防軍〟という呼び方はもとより、階級でも通常の軍隊にある一等兵、軍曹、などという兵、軍などを付けることを避けた。

兵種でも工兵、輜重《しちょう》兵、砲兵をそれぞれ、施設部隊、補給部隊、特科部隊と呼び、戦闘爆撃機を攻撃機、戦車も一時期は特車と呼ぶほどだったのである。つまり、憲法の手前から〝戦力〟を想像させるようなことはできるだけ慎むようになっていたのである。だからこそ、世界有数の軍隊に育った現在も「自衛隊」であり続けているのだ。このように、日本国憲法と日米安保条約の矛盾の狭間で自衛隊が生まれ育ち、日本の戦後も方向付けられてきたというのが実情なのだ。

ともあれ自衛隊の発足は、アジアにおける冷戦構造の中で、極めて具体的な表れである朝鮮戦争を発端にしており、朝鮮半島での有事を第一優先事項と想定した、米軍のカウンター・パートとしての役割を果たすことを意味した。それと同時に日本の外交・安全保障は、すべてアメリカを中心とした西側の世界戦略に依拠することを、国の内外に明確に示したことになるのだ。

このことはさまざまな分野に波及していった。そのもっとも著しい例は、朝鮮戦争で戦う米軍が、安心してすべてを任せられる補給基地として日本を利用したことだ。

一九五〇年八月二十五日に、ＧＨＱが朝鮮戦争のための兵站司令部を横浜に設置したことで朝鮮特需が本格化した。同年七月四日の閣議で、日本の商船による韓国向け輸送、特定労働者の超過勤務対策などの協力方針が決められ、港に眠っていた日本の船舶八〇万トンのうち、半分近い三〇万トンは米軍に雇用され、他の船もそれぞれ動き始めたのである。

敗戦によって息の根を止められていた産業界も息を吹き返した。米軍の命令による増産に次ぐ増産で、各種の工場は二四時間体制で稼働しはじめたのである。製造工業生産指数で、太平洋戦争前の一九三四年から一九三六年の平均を一〇〇とすれば、一九五〇年は一〇一・五だが、五年後の一九五五年には一八九・四にまで急上昇。日本経済にとっては朝鮮戦争はまさに〝神風〟とも言える特需景気となった。

アメリカの陣営に組み込まれた日本

防衛庁設置法と自衛隊法が成立したのと同じ日、秘密保護法が交付された。これにより防衛機密の探知、収集、漏洩とその未遂、教唆、煽動などが取り締まられることになった。防衛二法とセットになっているこの法律は、アメリカとの間で結ばれたMSA協定に伴ったものである。このMSA協定はあまり一般には議論されていないが、当時、自衛隊発足に当たっては必要不可欠のものであった。

MSAとは、一九五一年にアメリカが作った「相互安全保障法」のことで、アメリカはこの法律によって対外経済援助、軍事援助、技術開発援助を経済的・軍事的に弱体な同盟国に行ない、アメリカとの結び付きをより強めようとするものであった。MSAに基づいてアメリカ製F5フリーダム・ファイター戦闘機がアジア各国にばらまかれた。そうやってアメリカは、冷戦の最中に自陣営への取り込みを盛んに行なっていったのである。

一九五四年五月一日、日本に対してもMSA援助が行なわれ、日本の軍備強化が推進されようとしていた。それは朝鮮戦争の休戦によって過剰になった兵器を日本に譲渡し、その結果、同盟国日本の軍備を強めるという一石二鳥の効果を狙ったものだった。一方、日本側としても、朝鮮特需が終わり、不景気になるのを恐れ、特需に代わるものを求めていたため、MSAによる経済援助が必要だったのである。

このように双方の経済的利害は一致していたが、援助を受け入れるなら、それに伴うアメリカ製武器での装備や軍事機密は守らなければならない。それが秘密保護法となって具体化されたわけだ。

平和条約・安保条約・行政協定と自衛隊法・防衛庁設置法・MSA協定などに伴う秘密保護法を、セットで公布へと進んできた日本の対米路線が、これで完成されたのである。

このようにして、朝鮮戦争から始まる自衛隊の発足と日本経済の復興は、日本の戦後を形づける車の両輪の役割を果たしていたのである。

米兵の犯罪から日米安保条約は改訂された

米軍基地と米兵の犯罪が日本国民の不満に

一九四七年三月、アメリカのトルーマン大統領が米議会の上下合同総会で演説し、冷戦構造構築を宣言した。共産主義に抵抗する政府の支援を目指した、トルーマン・ドクトリンと言われる枠組みの中での締め付けが厳しくなり、朝鮮戦争を経た後では西側世界と東側世界の対立はますます厳しさを増していった。

こうした状況の中で、日本の戦略的な位置付けがなされていたのである。その流れの中に在日米軍基地の存在があった。何よりも日本政府が、米軍の言いなりに基地を提供しなければならないという状況は、工場や農地などが突然に接収される恐れがあり、このままでは日本国内が安定せず、経済発展という視点から見ても不都合な事実であったのだ。

米軍の占領下にある日本の独立前には、米兵の傍若無人の振る舞いがあり、日本国民の反発を呼んだ。

連合軍の進駐状況

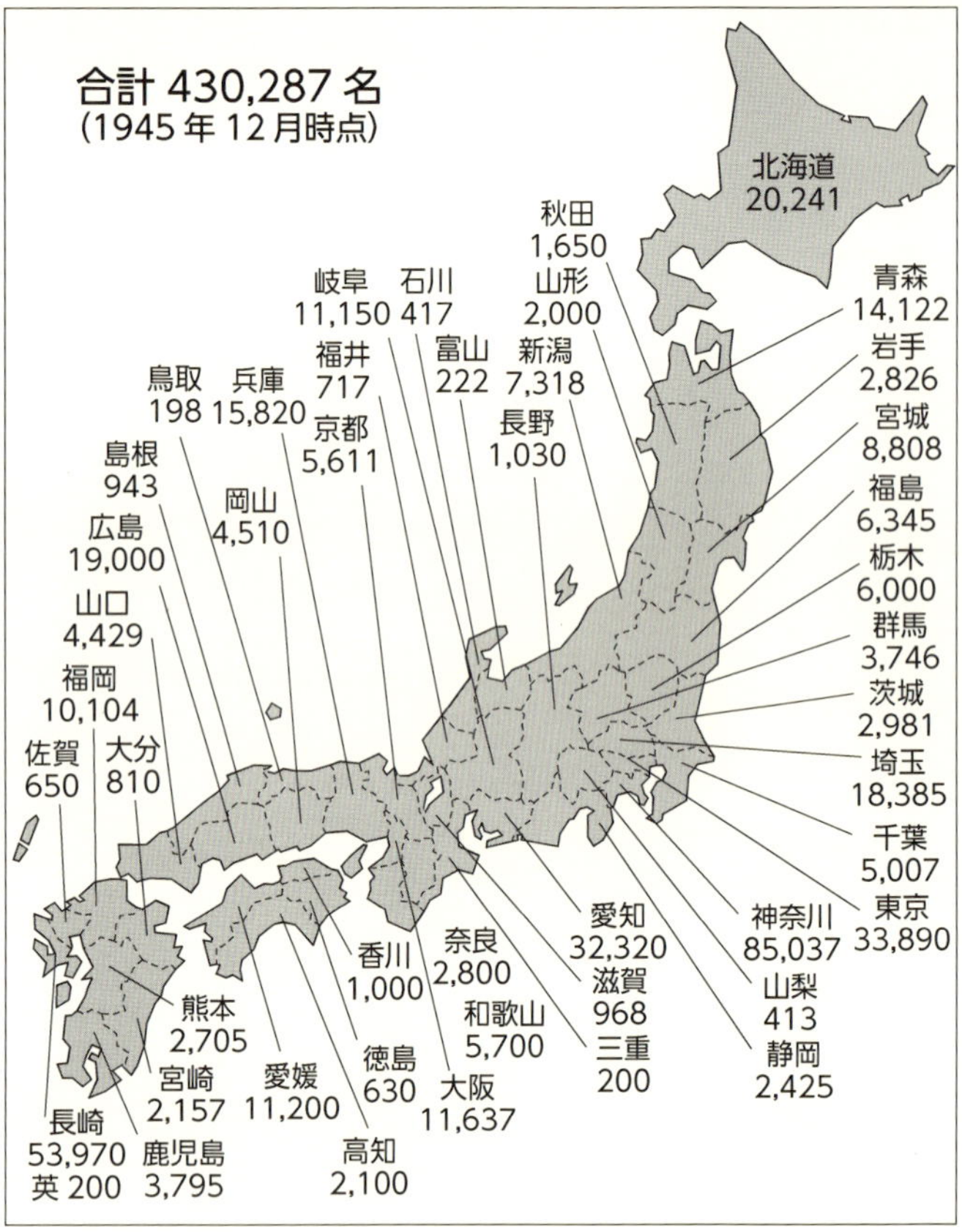

一九五七年一月三十日、米軍基地に対する日本国内の不満や不安に、火を付けるような事件が起きた。群馬県相馬ヶ原の米軍実弾演習場で、日本人農婦が射殺された事件がそれだ。

危険な米軍射撃場に入り込み、薬莢《やっきょう》拾いをしていた近隣農家の主婦へ、ウィリアム・ジラード特務二等兵が声を掛けて近寄らせてから射殺したというもので、この事件は米兵の名前から、〝ジラード事件〟として広く知るところとなったのである。

日米合同委員会は、ジラード事

件の裁判を日本で行なうと発表したが、それがアメリカ議会を刺激するところとなった。アメリカ議会をはじめアメリカ国内で、ジラードはアメリカで裁かれるべきだとの声が強まった。その理由として挙げられたのが「日本の裁判所は民主的手続きで行なわれておらず、拷問なども日常的に行なわれている。従って、アメリカ国民であるジラードには不利な判決が出る恐れが極めて高い」という日本人にとっては侮辱的なものだった。

しかし、最終的には前橋地裁で公判を開廷し、十一月十九日には、懲役五年の求刑に対して懲役三年、執行猶予四年の判決が下った。当時、日本国民の中では民間人の主婦を射殺した犯人に対する罪の軽さも大きな問題となったが、判決直後の十二月六日、ジラードが日本人妻と共に横浜から帰国してしまったことが、日本国民の間で強い反発を呼び起こしたのである。

この事件は日米行政協定の問題点に日本人の目を向けさせることとなった。それは裁判権の問題であり、米軍の下で日本人には人権も存在しないのかという、深い疑念を国民の間に生じさせる結果となったのだ。このことは一九九五年に起きた、沖縄での女子小学生暴行事件で論議を呼んだ、改定後の「日米地位協定」の問題にまで繋がってくる。

新安保条約でも日本は米軍に基地を提供

ジラード事件が直接的な契機となって、安保条約に伴う行政協定のさまざまな不平などがクローズ・アップされ、その基となっている日米安保条約そのものも改正せざるを得ない状況になっていった。

これらを背景に、一九六〇年一月十九日には、先の日米安保条約を破棄して新しい安保条約（正式名称＝日本国とアメリカ合衆国との間の相互協力および安全保障条約）が、日本側の希望を受け入れるという形で、ワシントンで締結されたのである。

一般的に「一九六〇年の安保条約」は、旧条約を改定したものとの認識があるが、事実は違っている。日本の敗戦処理であるサンフランシスコ講和条約と共に、実質はアメリカ側に押し付けられたが、形式上は日本側の希望で締結されたことになっている前の安保条約を破棄し、日本側の意思により新しい安保条約を結ぶというところが違っていた。言わば敗戦処理の中で結ばれた、不平等条約を破棄する意味があったのだ。

この新安保条約のもっとも重要な点は、旧安保条約下で結ばれた「行政協定」を見直すことであった。中でも防衛分担金制度の廃止は、新安保条約の目玉とされた。

行政協定では、日本が年額一億五〇〇〇万ドルを在日米軍のために負担していたが、その目的も明らかではなく、またアメリカが他国と結んでいる同様の協定には、この種の規定は見られなかったのである。そのため、行政協定に代わる新たな地位協定を結ぶ際、この制度は削除された。ただし、施設区域と路線圏の提供に関してはこれまで通り、アメリカ側に負担をかけないで日本側が提供することとなった。

具体的には米軍基地用の土地の借り上げ料と、それに伴った補償費の日本側負担である。現在、米軍基地の大半が集中している沖縄には、毎年多額の土地使用料とその他保障費が支払われている。日本政府としても、民家に隣接している普天間《ふてんま》飛行場移設に伴う費用を負担する代わりに、基地が返還されれば、賃貸料、保障費共に軽減されるのだ。

新安保条約と地位協定で、安全保障条約の枠組みを再構築した日米は、その後しばらくは安定した関係を維持することとなった。その間、日本は経済成長に突き進んだが、間もなく日米の経済摩擦が起こり、安保条約もさらなる局面を迎えることになる。

極東アジアの有事では米軍をサポートする日本

日米安保条約をアメリカ側から見れば、アメリカが冷戦を戦い抜くために日本を重要な軍事基地として利用するものであった。従って、新・旧の安保条約ともアメリカの陸・海・空・海兵隊の駐留とその活動のために、日本が基地を提供することになっている。

条文に記されている基地提供のための目的は二つある。一つは日本の安全のためで、もう一つは極東の安全と平和を維持するためだ。前者については、日本に武力攻撃があった際、在日米軍が自衛隊と共同して防衛に当たるということだ。

尖閣《せんかく》諸島を巡る問題で危惧されているのが、中国軍との衝突である。もし、中国軍が尖閣諸島に上陸してくれば、米軍が果たして主導してくれるのかという不安が多数の日本国民の間にある。これには、ヒラリー・クリントン前国務長官やオバマ大統領が「安保条約5条に基づいて、その役割を果たす」と明言している。

現実に有事となった場合には、条約で定めたことをアメリカが実行しなければ、アメリカの国際的信用は雲散霧消し、アメリカの権威そのものが危うくなる。原則的にはアメリカが安保条約を守らないという選択肢はないのである。だが、それ以前に、日本国内に強大な軍事力を持つ米軍と、その基地が存在すること自体が、外国からの侵略に対する抑止力となってきたのは確かである。

日本政府との事前協議という制約の形はあるものの、極東の平和と安全を守るためという理由で、米軍は原則的には自由に極東とその周辺の各地に出動できることになっている。米軍はベトナム戦争でも日本の基地を使用し、佐世保や厚木から空母や航空機を出動させた。北朝鮮の核開発や軍事的挑発を巡って、第二次朝鮮戦争勃発が言われるようになったが、その際には日本の基地からの米軍出動は絶対不可欠である。

日本の集団的自衛権行使も、朝鮮半島有事に出動する米軍のサポートとして重要な役割を果たすことになる。だが、この集団的自衛権行使に韓国は大反発をし、韓国内はもとより、周辺海域での自衛隊の行動を許さないとの立場を執っている。

これに関連して安倍首相は国会答弁の中で、日米安保条約の中には米軍の重要な変更に対して日本政府と事前協議をしなければならないことに言及し、半島有事には日本の役割が重要なことを認識するように求めたのである。このように日米安保は、極東アジアとその周辺国の安全保障に欠かせない公共財としての役割が増している。

一九八四年八月十五日に傍受したソ連の戦闘開始電文

「これから米軍と戦闘に入る」というソ連の電文

一九八四年はロサンゼルス・オリンピックがあった年だ。一九八〇年にソ連軍がアフガニスタンに侵攻したことで、その年にモスクワで開催されるオリンピックに、西側諸国が揃ってボイコットをした。そのためロス五輪では、ソ連を筆頭とする東欧諸国が参加しないという、軍事的にも国際的にも、冷戦が最高潮に達した。

日本にとっては八年ぶりのオリンピックのロス五輪で、日本選手代表を務めた柔道の山《やま》下泰裕《したやすひろ》選手は、四年前にモスクワ大会への出場を取りやめた日本政府に対して「モスクワに焦点を合わせて精進してきた選手の気持ちも汲んで欲しい」と涙ながらに訴えたが、今回は無差別級に出場。左足に深刻な負傷を追いながら、悲願の金メダルを摑んだ。足が腫れて表彰台にうまく上がれない山下選手を、二位のエジプト代表ラシュワン選手が手助けする光景は、美しいスポーツマン・シップの名場面として世界中から称賛の声が上がった。そうした数々の感動と興奮を生んだスポーツの祭典は、八月十二日に幕を閉じた。

稚内とウラジオストクの位置関係

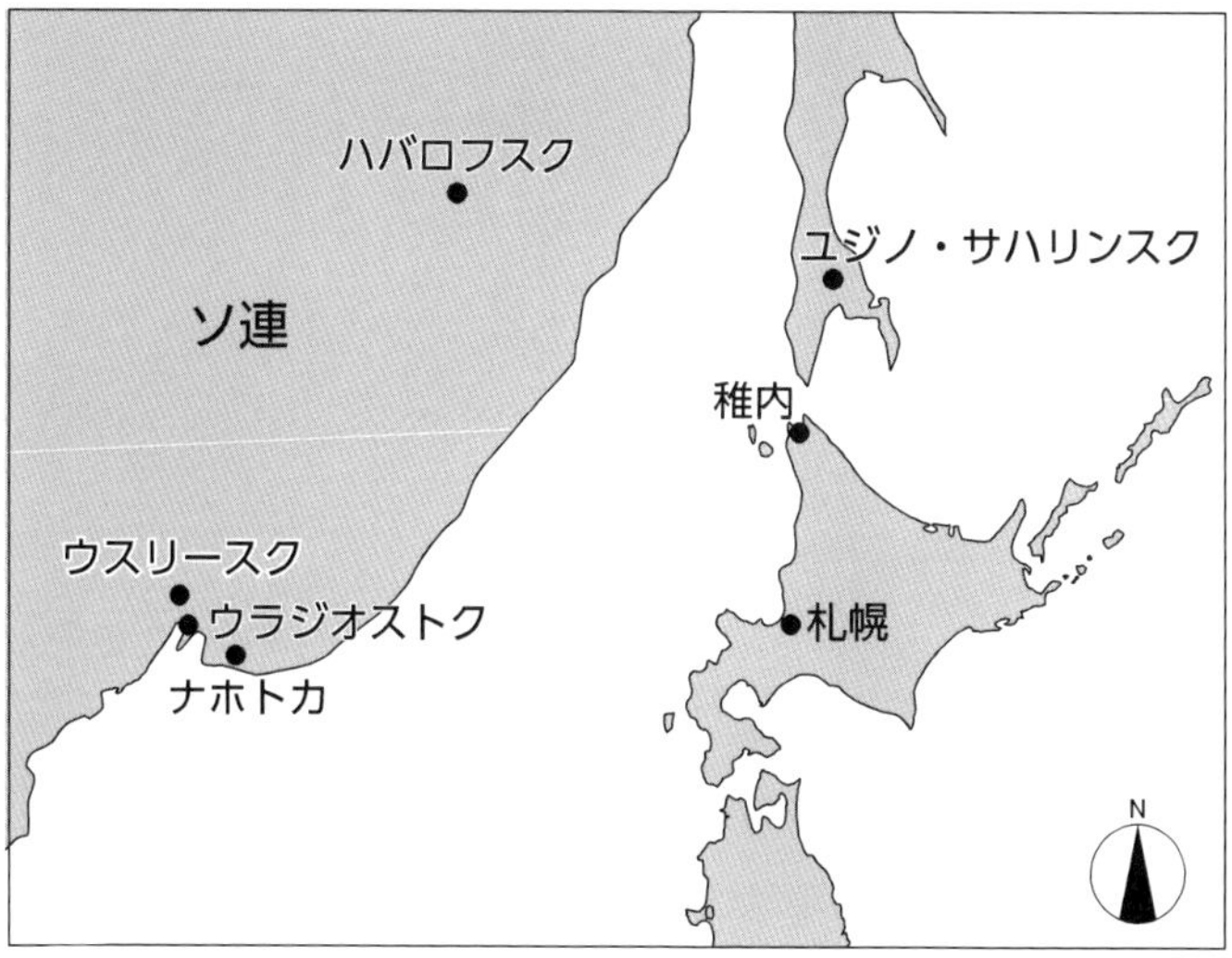

そして八月十五日。終戦から三九年が経過したこの日、北海道の最北端から世界を根底から揺るがしかねない、衝撃的な情報が列島を走ったのである。

日本列島最北端の稚内《わっかない》には、防衛庁（現防衛省）の電子情報基地がある。ここには陸上幕僚監部調査二課別室所属の通信所に稚内分遣隊があり、隊員一〇〇人ほどが駐屯している。「二別」あるいは「調別」と呼ばれるこの部隊は情報収集の機関だ。

一九八三年九月一日に、アンカレッジからソウルに向かう大韓航空機が規定のルートから外れ、サハリン上空でソ連空軍スホーイ15戦闘機のミサイル攻撃を受けて撃墜された事件では、この部隊は大韓航空便ボーイング747型機を撃墜した戦闘機が、地上の指揮・管制システムとの間で交わしたすべての交信を傍受し、撃墜の瞬間の生々しい会話を国連の場を通じて全世界に公開した。ソ連はこの動かぬ証拠を突き付けられて、撃墜の事実を認めざるを得なくなったという実績がある。

八月十五日午後四時、稚内「二別」の一人の隊員がいつものように極東ソ連軍の無線傍受の任務に就いていたが、ウラジオストクのソ連太平洋艦隊の司令部からウスリースクに送られた暗号電報をキャッチし、体中を戦慄が走るのを感じた。

傍受した「これから米軍と戦闘に入る」という電文は、直ちに「二別」から防衛庁防衛局へ、防衛局から内閣調査室へ、内閣調査室から首相官邸へと伝えられ、時の中曽根康弘《なかそねやすひろ》首相に届けられた。

現実味がある電文への中曽根首相の対応

その日は終戦記念日で、中曽根首相は朝から多忙を極め、午後三時には戦没者墓地に赴き、平和祈念および戦没者慰霊式典に出席し、官邸に戻ったのが四時ちょっと前であった。「これから米軍と戦闘に入る」というソ連の暗号電報が、中曽根首相に届けられたのはこの直後のことに違いない。この情報を耳にした瞬間を、中曽根首相は「あの時はまるで足が地につかず、雲の上を歩いているような心地だった」（読売新聞：一九八五年一月五日）と表現している。首相が「足が地につかず」という心地になったのも無理はない。その電報のバック・グラウンドには極めてリアリティーがあったからだ。

SS20 核ミサイルは核弾頭を 3 個搭載でき、5000km 先の目標へ誤差 400m で命中できるとされる。また長さ 16m、重さ 36 トンと小型のため、移動式発射車両で運搬できるという物騒な代物だ

第一に、一九八四年当時の米ソの緊張の度合いは、すぐに全面戦争が始まるというほどではなかったが、アフガニスタン情勢を巡って東西両陣営の対立が先鋭化しつつあり、五輪のボイコット合戦に核競争が加わっていた。ヨーロッパの西側にはアメリカの新型核ミサイルパーシングⅡが配備され、ソ連のＳＳ２０核ミサイルと対峙していた。

第二に、極東ではアメリカの核兵器が手薄だったことだ。ヨーロッパ正面ではＳＳ２０に対抗したアメリカの核弾頭ミサイルが配備されていたが、極東にはミサイルが配備されていなかった。だがソ連のＳＳ２０核ミサイルは極東方面に一四四基が配備されていたのである。このことから、もしソ連が核の先制攻撃を仕掛けるなら、アメリカの核戦力が手薄な極東方面からという危険性は、大いに考えられた。

第三に、この暗号電報の宛先がウスリースクであったことだ。発信元がソ連太平洋艦隊司令部のあるウラジオストクで、そこから数十キロメートル北のウスリースクにはソ連の特殊部隊〝スペツナズ〟の司令部がある。この部隊は戦闘開始寸前に敵のレーダーサイトや発電所を爆破するなど、後方攪乱のための特殊な訓練を積んだ部隊だった。つまり、この部隊に向けて「戦闘開始」の暗号電報が発せられたということは、ソ連が本気でアメリカと一戦を交える覚悟を決めたと見ても不思議はなく、極めて蓋然性が高いのである。

もしも、ソ連が本気で戦争を始める気ならば、日本にもスペツナズの攻撃が加えられる可能性が極めて高く、すでに隠密裏にスペツナズが北海道辺りに上陸し、破壊工作を始めているかもしれないのだ。

事は緊急を要し、中曽根首相は短時間で対処を決断しなければならない。時間が経てば事態がどんどん進行してしまい、取り返しがつかないことになる。かと言って、軽はずみな決断を下し、国中をパニックに陥れてもいけないのだ。

ただでさえ多忙な総理大臣の激務に加え、この日は終戦記念日で行事が多く、その上にオリンピックでの金メダリストたちが、首相官邸にやって来ることになっている。まさに時間との闘いである。首相がこのような重大事を決断する重圧に耐えるのは並大抵ではない。

この時点で首相がなしうる行動には、「臨時閣議を緊急招集し、事態の進展に備える」「日米ホットラインで、アメリカのレーガン大統領に電話し協議する」「防衛庁長官に指示し、自衛隊に防衛待機命令を出させる」「自衛隊に防衛出動を命じる」などのような選択肢が考えられるが、中曽根首相が決断したのは、このいずれでもなかった。

首相は対応体制を整える前に、まず日本の持つあらゆる触角を総動員してソ連の出方を確認し、アメリカとも情報確認を行なうよう防衛庁に指示したのだ。大韓航空機撃墜事件で、世界でも一流の情報収集能力を持っていることが証明された自衛隊の能力に期待したのである。

自衛隊は首相の指示に基づいて、陸・海・空各幕僚監部を通じ、各方面隊、艦隊司令部に緊急警戒指令を発した。

一方、甲子園球場では高校野球の熱戦が繰り広げられ、各地では三九回目の終戦記念行事が行なわれていた。また東京は一五日間連続の熱帯夜を記録し、日本中が暑さにうだり、多くの若者や家族連れが海や山で遊んでいた。

この平和な日常の中で、首相官邸と日本全土の自衛隊は、冷や汗を流すような緊張感に耐えていたのである。本来ならば、こうした重要な軍事的、国家的機密の連絡は、暗号テレックスでやり取りされるものだが、あまりにも事態が急を要したために、すべて通常の電話により口頭でやり取りされたという。こうした事態に備えて先進国のほとんどは、政府内の連絡電話には秘話装置が付き、自動的に暗号化されることになっているが、当時の日本にはそうした備えすらなかった上に、外国スパイによる電話盗聴を心配しているゆとりなどなかったというのが正直なところだろう。

レーガン大統領のジョークへの報復だったのか

息詰まる緊張感が全自衛隊を覆い、暗号電報の傍受から三〇分経った午後四時半頃、稚内の電波傍受班が、再びウラジオストクからウスリースク宛のソ連軍の暗号電報を傍受した。その内容は「先の電報内容を解除する」というもので、この瞬間に先の情報は意味のないものとなった。

この電報を傍受したのと時を同じくして、米軍を含め各自衛隊のセンサーは、ソ連軍に特別の変化が認められない旨を報告してきた。かくしてソ連軍との幻の戦闘状態は終わったのである。

中曽根首相をはじめ、防衛庁、各自衛隊の緊張状態は解かれた。中曽根首相は、間もなくロサンゼルス五輪の金メダリストを首相官邸に招き、一人一人に賞状と銀杯、自筆の色紙を手渡していた。首相は柔道の山下選手に「足はもういいのかな」と訊いたというが、この時すでに電報内容解除の連絡を受けていた可能性が高い。この時首相が渡した色紙には「生気堂々」と書かれていたという。

この事件後、ソ連の電報の真意についてさまざまな憶測が流れた。中でももっとも有力な説とされているのが、レーガン大統領のジョークに対する報復説だ。

事件の四日前の八月十一日、レーガン大統領がラジオ演説のマイクテストで「五分後にソ連に対して爆撃開始を命令した」とジョークを飛ばしたところ、そのまま電波に乗ってしまったのだ。

この失言について八月十五日、ソ連は国営タス通信を通じて声明を発表し、正式に抗議した。これらの顚末から、レーガン大統領の悪いジョークに対する、ソ連の報復とする可能性が高いとされる。

しかし、実際に米軍機、米艦艇の何らかの動きを、ソ連極東軍が挑発と誤解して攻撃しようとしたとも考えられるし、あるいは暗号電報に対して米軍と自衛隊が、どう対応するかテストしようとした可能性も否定できない。

当時、一般の日本人が知らなかったこの重大事件の背景について、真相はいまだに闇の中だが、このような危うい冷戦構造の中で、われわれは生きてきたのである。

第四章

現在の日中関係の原点は終戦のカタチにあった

金門島では現在でも戦車が対岸に砲口を向けている

太平洋では敗色濃厚だが攻勢を続けた中国大陸の八月十五日

日本軍は中国大陸で新作戦を展開

第二次世界大戦に関する一般の日本人の印象は、米軍が圧倒的な物量を投入して太平洋を島伝いに北上し、マリアナ諸島から飛ばしたB29爆撃機で、日本中を焼け野原にしたというものだろう。事実、一九四四年春頃までに、太平洋方面の戦局では、日本軍は米軍の大攻勢を支えきれず、ソロモン諸島、トラック島、パラオ諸島、ニューギニアなどで各部隊が孤立した。制空権と制海権は完全に米軍の手にわたり、太平洋方面の島々で孤立した部隊への補給はほとんど途絶えた状況で、まったくの敗勢一色だった。

しかし、中国大陸に目を移すと、太平洋方面の暗い戦局とは違い意気《いき》軒昂《けんこう》であった。

一九四四年三月には、支那派遣軍とビルマの第一五軍は大兵力を動員して、大規模な進攻作戦を始めた。ビルマではイギリス軍基地がある国境近くのインド領インパール占領を目指した。中国では大陸打通作戦が発動された。この作戦の当初の目的は、北京から中国大陸を南下しつつ、仏領インドシナ、英領マレーやシンガポール。さらにはビルマへ通ずる道路や鉄道を打通（貫通）させ、南方の物資を日本に輸送し、逆に兵員や軍需物資を送り込むルートを確保することだった。

だが、作戦開始の時期になって、このような膨大な時間と資源・人材を費やした悠長な作戦を行なう時期でないことが明らかになった。大本営は一九四三年春頃には、アメリカがスーパー・フォートレス（超空の要塞）B29を完成させたことを摑んでいた。防衛庁防衛研究所戦史室が編集した戦史叢書『本土防空作戦』によると、同年暮れには米軍は、日本本土空襲のB29の基地に、太平洋方面ではウェーク島、中国大陸方面では重慶《じゅうけい》、成都《せいと》地区および桂林《けいりん》、柳州《りゅうしゅう》地区を想定していた。

陸相と陸軍参謀総長を兼任した東条英機《とうじょうひでき》首相は、この大陸打通作戦の目的を、B29の発進基地として利用されそうな、飛行場の占領と破壊に限定するよう厳命して作戦を許可した。

一九四四年四月、作戦は華北の河南省から始まった。目標は北京から漢口への打通である。兵力は一四万八〇〇〇名、軍馬三万三〇〇〇頭、戦車七〇〇輌、自動車六〇〇〇輌だ。この作戦は洛陽《らくよう》を攻略占領して終えた。次いで、一九四四年五月末から一九四五年一月にかけて、B29が発着できる飛行場が散在する、湖南省と広西省攻略作戦が発動された。参加兵力は三六万二〇〇〇名、軍馬六万七〇〇〇頭、戦車約一〇〇輌、自動車九四五〇輌である。

この頃すでに中国では、日本陸軍第五航空群の保有機が一六〇機に対し、米軍第14空軍が七五〇機を保有して完全に逆転しており、制空権は米軍が握っていたのである。そればかりではない。長沙《ちょうさ》の南南西一五〇キロメートルにある衡陽《しょうよう》の攻防戦では、米軍の装備をした中国兵が、輸送機に乗って機動展開し、日本軍に対して頑強な抵抗を示したのである。

さらに衡陽への攻撃が開始される半月前の六月十五日に、成都《せいと》を発した四七機のB29が二六〇〇キロメートルにおよぶ長距離を飛行し、北九州の八幡《やはた》製鉄所を空襲していた。大本営が懸念していたことが現実となったのである。

これにより、作戦はなお一層強力に進められることとなり、数ヵ所の飛行場を破壊・占領し、仏領インドシナから北上して来た部隊と第二二師団および第二一師団と連絡したことで、一九四五年一月二十六日、中国とインドシナの打通が完成し、作戦は終了した。

しかし、すでにフィリピンのレイテ島、ルソン島が陥落し、一九四五年三月十日にはサイパン発のB29の大編隊が東京を大空襲した。にもかかわらず、打通作戦の当初の目的である物資輸送はままならず、一年にわたった大作戦だが対米戦争には何の役割も果たせなかったのである。ほぼ同時期に発動したインパール作戦は大敗北し、一九四四年七月には撤退を開始した。

日本軍の大陸打通作戦

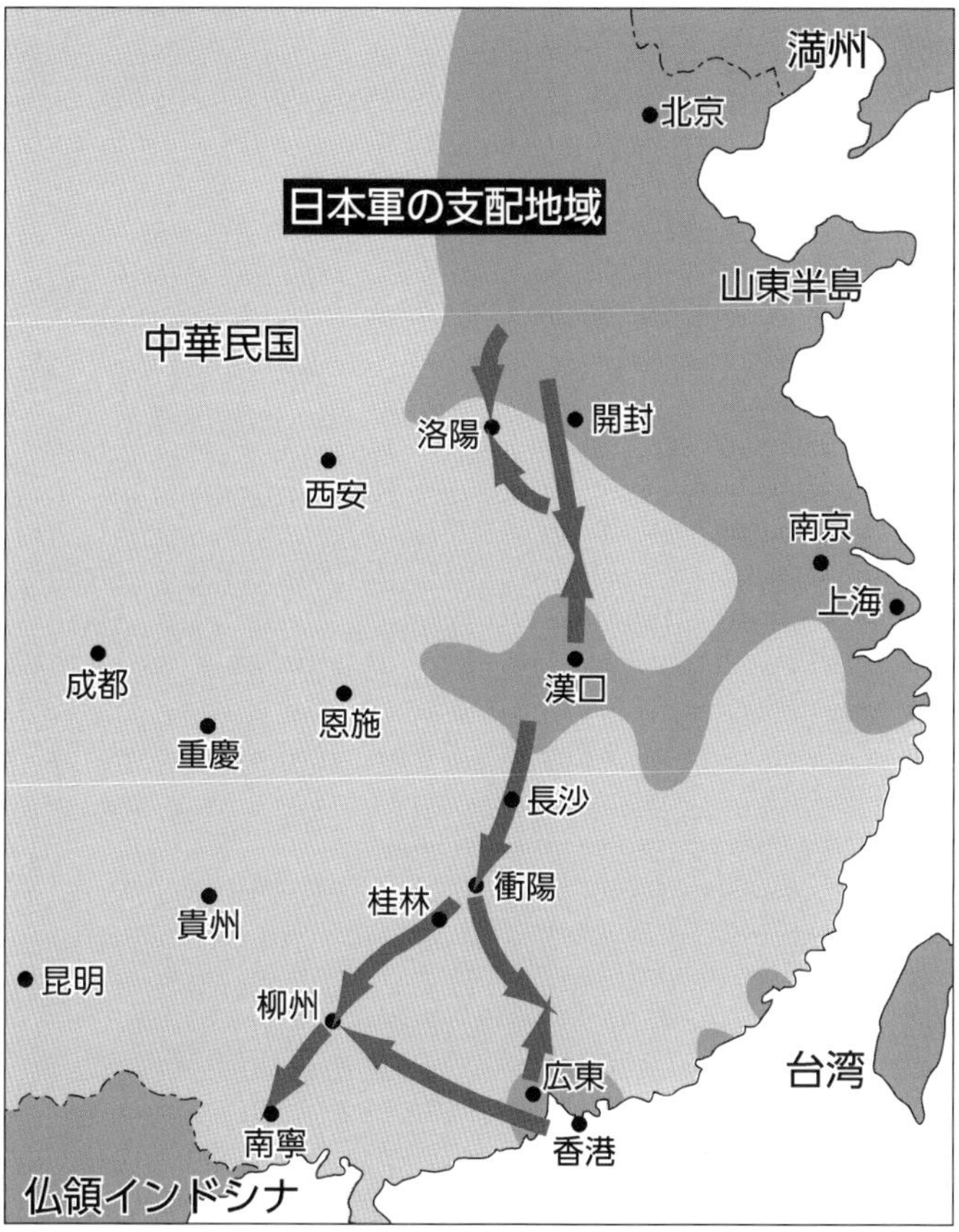

さらに支那派遣軍は、蒋介石の国民党が政府を置く重慶《じゅうけい》と、B29の基地がある成都攻略の作戦を立てたが、太平洋の戦局はもうそんな大がかりな進攻作戦を遂行できるような状況ではなかった。

大本営はこの作戦の中止を命じ、米軍が中国に上陸すると想定される広東や上海、あるいは山東半島に部隊を移動させて迎え撃つ準備をすることと、蔣介石政府との和平工作を命令したのである。

それでも現地司令部は、何とか大本営の承諾を得て、一九四五年三月から四月にかけて、小部隊による敵の陣地と飛行場攻略戦に打って出た。河南省北西部にある老河口《ろうかこう》攻略を目指して三月に始めた作戦の実行部隊は、第一二軍の二個師団、戦車師団、騎兵部隊であった。だが進撃は米軍の航空攻撃と、これまでには見られなかったような豊富な火砲攻撃を受け苦戦したが、飛行場と敵陣地の占領に成功した。

米軍の支援を受けた中国軍と対峙した支那派遣軍

日本軍の勢いはそこまでで、中国軍は夜間でも平気でヘッドライトをつけたトラックを走らせ、悠々と兵員や弾薬を輸送し、多くの陣地で日本軍を攻め立て、これまでは見られなかった余裕のある中国軍に変貌していたのである。日本軍は中国軍の陣地を突破できず、各部隊はなし崩し的に撤退し、作戦の目的は達せられなかった。その敗退のさまは各個バラバラに逃亡し、惨めな敗残兵の姿だったと言う。

四月に湖南省西部で始まった重慶、成都攻略のための前哨戦は、明確な敗北で、日本軍は中国軍の猛烈な反撃を受けてあえなく撤退したのである。

連合国軍の中心的な存在としての、中国軍の動きはつまびらかではなかったが、現実の戦闘では米軍の装備を身に着けた中国軍の機動力と打撃力は、格段に威力を増していた。火力、兵力共に日本軍を上回り、トラックや航空機を駆使した機動力は、遠隔地のビルマから飛行機で急派された部隊も戦闘に加わっていたことで証明された。このため日本軍の損害は著しく、先頭を進んだ第一一九連隊約三〇〇〇名は七五五名が戦死し、組織的戦闘が不可能な壊滅状態になったのである。

アメリカ式に訓練・装備された中国軍は、急速に力を付けており日本軍も苦戦した

インパール作戦以降には、北ビルマを通過し中国国内にいたる陸路の援蔣ルートも完成。大規模なトラック・コンボイが続々と物資を運び込んでいたのである。これらを背景に、最新のアメリカ式装備をした中国軍が日本軍を圧倒し、日本軍の損耗率が大きくなっている状況であった。

この間、米軍は沖縄に上陸し、ドイツではヒトラーが自殺した直後の五月七日に降伏。沖縄の組織的戦闘が終わったのが六月二十三日であった。

敗色がますます濃くなる中で、鈴木貫太郎内閣は本土決戦を準備しつつ、ソ連を通じて講和の模索を試みたが、七月十三日にソ連は、近衛元首相の訪ソを断ってきた。

そういう動きの中で、七月九日に支那派遣軍総参謀副長今井武夫《いまいたけお》少将が、蔣介石の側近である何柱国《かちゅうこく》上将（大将）と会見し、今井少将は中国との直接和平を切り出した。

これに対して何柱国は、中華民国政府は連合国と連携を密にし、カイロ宣言にも参加していることを挙げ、単独講和に応ずることができない旨を今井に伝えた。さらに、戦後の日本は満州をはじめとする海外兵力を撤収し、朝鮮、台湾、樺太などを譲渡しなければならない。このことは連合国として協議済みであるから、一切の変更は不可であると述べたという。

今井らの日本軍幹部は、一九四三年一月にルーズベルトとチャーチル、蔣介石がカイロで会談した事実は承知していたが、話がここまで進んでいることまでには思いがいたらなかったのである。

中国と日本の単独講和が不可能であることが判明した今井・何会談から間もなく、連合軍は米・英・中という三国の名でポツダム宣言を発した。支那派遣軍はアメリカとソ連との決戦に備え、各兵団を満州と中国沿岸への移動を急がせた。

一九四五年八月六日の広島への原爆投下、九日の長崎への原爆投下とソ連参戦と続き、支那派遣軍はサンフランシスコNBC放送で、日本のポツダム宣言受諾を知った時から降伏反対を表明し、参謀総長を通じて天皇に上奏していた。しかし、八月十五日には、天皇自らの終戦の詔勅がラジオ放送で伝えられた。

現地軍の感覚では目前の中国軍とは、いまだ対等以上に戦っており、敗戦という現実が受け入れ難いものとなっていたのは確かだろう。八月十五日、南京の支那派遣軍総司令部では、岡村寧次《おかむらやすじ》大将以下二〇〇〇名が、いつもの宮城遥拝式のように整列し、玉音放送を聞いた。

放送が終わると、即座に「承詔必謹《しょうしょうひっきん》」（天皇のお言葉に従う）を言い渡した。この時、八年間続いた日中戦争は日本の敗北で終結した。そして日本が満州事変を起こしてから一三年一一ヵ月の年月が経っていた。

二つの中国が行なった二つの戦争犯罪裁判

二つの中国に降伏した中国の日本軍

天皇の詔勅が発布された一九四五年八月十五日時点まで、日本軍は中国大陸でいったい誰と戦っていたのかが問題となった。つまり、日本軍が正式に降伏するとすれば、その相手は南京に政府を置いていた蔣介石総統の下にある国民党政府ということになる。ましてや日本は中華民国も加わったポツダム宣言を受け入れることで敗戦国となったのである。

ところが、中国大陸では戦線が複雑になっていた。主に日中戦争を戦う任務の支那派遣軍の敵は国民党軍である。だが、北部の華北地方では関東軍《かんとう》（満州国駐屯の日本軍）が共産党軍（八路《はちろ》軍）を敵として戦っていたのである。その上に国民党軍と共産党軍は、互いに中国の覇権を巡って内戦中であったのだ。

国民党と共産党は、日本軍と戦うために一時は連合（国共合作）していたこともある。しかし、一九二七年七月十三日、中国共産党は国共合作の終了を宣言し、国共内戦に突入した。共産党は武力闘争を開始し、各地で武力蜂起を繰り返すが、優勢な国民党軍によって鎮圧されていた。

蔣介石は中華民国の国家主席に就任すると、意欲的に中国の近代化を推進する改革を行なった。一九二八年にはドイツからの最新兵器を輸入して、ドイツ軍軍事顧問団を招聘し、北方に展開する軍閥勢力と共産党勢力を駆逐する作戦を実行した。一九二八年六月九日には北京に入城し、紫禁《しきん》城に残っていた清国皇帝と、それを擁護した軍閥の袁世凱《えんせいがい》が樹立していた北京政府を倒すことに成功した。

他方、毛沢東《もうたくとう》が指揮する中国共産党は、ソ連の支援の下で農村を中心として支配領域を広げていき、一九三一年には江西省瑞金《ずいきん》に「中華ソビエト共和国臨時政府」を樹立する。

この複雑な情勢の中で、一九四五年九月九日の支那派遣軍の投降は国民党軍を正式の相手として実施された。岡村寧次支那派遣軍総司令官は、南京中央軍官学校講堂で、蔣介石総統代理の何応欽《かおうきん》一級上将に対し、降伏文書に調印した。

何応欽将軍は、軍人となるために清国から日本に留学し、留学生を専門に教育する国立の東京振武学校第十一期卒業生で、同じ振武学校卒業生の蒋介石の後輩である。また、陸軍士官学校二八期生で、従って日本軍人の核となっている精神的な部分には理解があったと言えよう。

南京で降伏文書を受け取る何将軍（左）

何応欽将軍と岡村総司令官は、一九三三年五月に日中両軍の間で結ばれた、柳条溝事件に始まる満州事変の軍事的衝突終結での塘沽《たんくー》停戦協定の交渉相手として、互いが既知の間柄であり、双方ともその人柄は分かり合っていた。

日本軍が降伏するに当たって、岡村は極力中華民国に協力し、支援するような形で停戦業務にあたった。何将軍はそれに呼応するように日本軍に対する敬意を払って応対したのである。岡村は戦犯を裁く南京法廷では無罪となり、一九四九年一月に無事復員した。その後に岡村と何は、日本で再会し旧交を温めたと言われている。

当時の支那派遣軍は一〇五万の大軍で、日本軍の中国大陸での戦死者数は、終戦後に死亡した将兵を含めて四四万六五〇〇名となっている。

一方の関東軍は、突如ソ満国境を破って侵攻してきたソ連軍に、圧倒されて投降した。当然、関東軍の投降相手はソ連軍である。その後、ソ連軍は関東軍将兵約五七万五〇〇〇人をシベリアなどに強制連行し、強制労働に従事させる。

武装解除は、支那派遣軍については国民党軍が行ない、日本軍もそれに従った。しかし、関東軍に対しての武装解除は、投降相手のソ連軍ではなく共産党軍であった。ソ連が共産党軍に関東軍を引き渡したからである。

ここで関東軍は、共産党軍による武装解除を拒否した。関東軍は共産党軍に敗れたのではなく、ソ連軍に投降したという意識があったからだろう。防衛庁戦史叢書『北支の治安戦（2）』（防衛研修所戦史室）によると、関東軍が武装解除の命令を拒んだことで、中国共産党軍は関東軍に攻撃を仕掛け、八月十五日から十一月末までの間に戦死した日本軍将兵の数は約二九〇〇名に上ったという。

このことからすれば、中国大陸で戦っていた日本軍はそれぞれ二つの勢力から武装解除を受け、終戦の日も違っているという奇妙な形で終戦を迎えたことになる。

冷戦構造に引きずられた二つの中国の戦犯裁判

その後、国民党と共産党は内戦を本格化させるが、米ソ冷戦構造の中でそれぞれの役割を果たしていくのである。そのため国民党と共産党では、日本軍をどのように利用していくかが問題になっていた。

国民党総統である蔣介石は、一九四五年八月十五日の天皇の詔勅放送の一時間前に、当時首都にしていた重慶からラジオ演説を行ない、日本の敗戦に対して、「怨みに報いるに徳をもってせよ」と人々に呼び掛けたのだ。有名な「以徳報怨」演説で、蔣介石は悪いのは日本の支配層であって、兵士たちはそれに騙されてきただけである。従って、日本国民がその迷いから一刻も早く覚めるためには、日本に対して奴隷的辱めを受けさせるべきではないとした。

これはポツダム宣言中に含まれている、戦後の平和構築パターンを踏襲したものであった。すなわち、日本国民を一部の加害者と多くの被害者、または無実の者とに分けて線引きし、正義と不正義のバランスの上に、自国との間の関係を修復し刷新するという、東京裁判を貫く基本理念である。

戦後しばらくは、このような蔣介石の態度を、寛容な態度として日本国民の間で感謝されていたが、最近の研究ではさまざまな解釈が行なわれている。

一つは、米ソ冷戦が現実のものとなりつつある国際情勢を背景にしたもので、日本に莫大な賠償金や懲罰を与えて、第一次世界大戦後のドイツのように社会混乱を起こし、日本を共産化することを避けることにあった。これは五〇億ドルにも上る経済援助によって国民党の軍事費を支えていたアメリカの基本方針でもあった。

もう一つは、日本軍の敗戦後には、国民党軍と共産党軍の国内覇権を巡る戦いがあり、共産党軍の背後に控えているソ連軍の極東進出という脅威も存在していた。これを打ち破るためには、降伏した日本軍の武器と軍事的サポートを必要とした。

関東軍を武装解除したがった共産党軍にも、降伏した日本軍を利用しつつ内戦を勝ち抜こうとする意図があり、戦後長期にわたって日本人を「留用日本人」として支配下に置き、共産党軍にはなかった空軍の創設などに協力させていった。

満州の新京にあった関東軍総司令部

中国大陸での日本の敗戦処理の問題で、重要なことは戦争犯罪の問題である。このことに対するアプローチの仕方で、中国の反日の基本的な方向が定められたと言えよう。日本の戦争犯罪についていては、一九四六年五月三日から一九四八年十一月十二日まで続いた東京裁判（極東国際軍事裁判）では、連合国がA級戦犯（平和に対する罪）と認定した日本の指導者層を裁き、七人の絞首刑、一六人の終身刑、二人の有期刑という判決を下した。

中国大陸では東京裁判とは別に、一九四六年四月以降に国民政府が、対日戦争犯罪裁判を開廷し、ここではB級（通例の戦争犯罪）とC級（人道に対する罪）の戦争犯罪が裁かれた。この裁判で訴追された犯罪は六〇五件、被告は八八三名に上り、死刑一四九名、無期刑八三名、有期刑二七二名。死刑である者は公開で死刑が執行され、ある者は市中引き回しの上で死刑となった。

国民党政府は同時進行する国共内戦を背景として、日本兵の一部にできるだけ罪を集中させ、彼らを厳しく処罰することで他の日本人と区別し、中国民衆の日本軍に対する私的な怨念を抑制すると共に、寛大さをアピールする狙いを持っていたのである。そして戦争犯罪人とされた者以外は、ほぼ一〇ヵ月以内に日本本国へ送還されたのである。

このように、被害者と加害者の線引きを明確にしていく方法は、共産党にも踏襲され、国民党政府より寛大な態度で、一人の死刑判決も下さなかった。

中華人民共和国政府が、国家として対日戦争犯罪裁判を開始するのは、国共内戦に決着がつき中華人民共和国政府が成立した後の一九五六年になってからのことだ。それも、戦犯容疑者として拘留された者は、満州でソ連軍に捕らえられ、後に中国に移送されてきた九六六名（三四名は死亡）と、共産党軍と戦って捕虜となった一四〇名（六名は死亡）の一一〇六名だとされている。

裁判では日本人被告を四五名に絞り込み、全員に禁固刑の判決を下した。この判断の基礎には、日本の軍国主義に罪があり、日本の人民には罪がないとの主旨があった。当時、毛沢東など指導者たちは、厳しさを増す冷戦の中で、日本を敵に回したくないという意識が働いていた。

従って、かつての日本をごく一部の加害者と圧倒的多数の被害者。もしくは無実の者との線引きを明確にし、強大な力を持ったアメリカの庇護の下に入った日本に対して、何の報復もできないことを正当化し、中国人の報復感情を抑えた結果がごく軽い判決として反映されたと言えよう。

日本はサンフランシスコ平和条約で、敗戦国として東京裁判とその判決を受諾した。中華人民共和国は朝鮮戦争に参加したため、この講和条約に加われなかったが、東京裁判の判決を根拠として、靖国神社に合祀《ごうし》されているA級戦犯を持ち出し、ことあるごとに靖国神社を政治問題化し、日本を敗戦国と決めつけて日本を抑え込む政治的カードとして利用し続けている。

そのルーツは、先にも挙げたように、悪い日本人と無実な日本人を勝手に線引きして分けた上、自国民に対しては中国共産党政府の正当性を主張し、冷戦期の政策の誤りを糊塗し、悪い日本人の政治指導者を非難することで、内政の矛盾に対して非難する国民の目を外に向けさせる手段としているところにある。

だが、中華人民共和国には日本人戦犯を裁く法的根拠は薄く、だからこそ線引き論と参加もしていないサンフランシスコ講和条約の第11条（東京裁判の受諾）をことさら採り上げることで、反日の根拠としていると言えよう。

中華人民共和国建設に協力させられた「留用日本人」一万人

中国に抑留された日本人技術者

一九四五年八月九日、長崎に原爆が投下された。その日、満州国境に集結していたソ連軍一七四万人が一斉に国境を侵犯してなだれ込んだ。一九四六年まで有効な日ソ中立条約の明らかな違反である。

満州では関東軍が中心になってソ連軍と戦ったが、戦闘が交渉によって終了したのは八月二十六日で、日本がポツダム宣言受諾を世界に公表した八月十五日から一一日が経っていた。戦闘終了後、日本軍はポツダム条約に定められた通り、ソ連軍から武装解除を受け、終戦のプロセスは粛々と進んだ。しかし、悲劇が始まったのはこの直後である。

ポツダム宣言第9項では「日本軍隊は完全な武装解除の後、故郷に帰り、平和な生産と生活の機会を得ることが許される」と謳われて、帰国が保障されていた。にもかかわらず、ソ連軍は武装解除後の日本兵約五七万五〇〇〇名を捕虜として、極寒のシベリアに強制連行し、鉄道建設や住宅建設などの強制労働に駆り立てたのである。

海外からの引揚者数

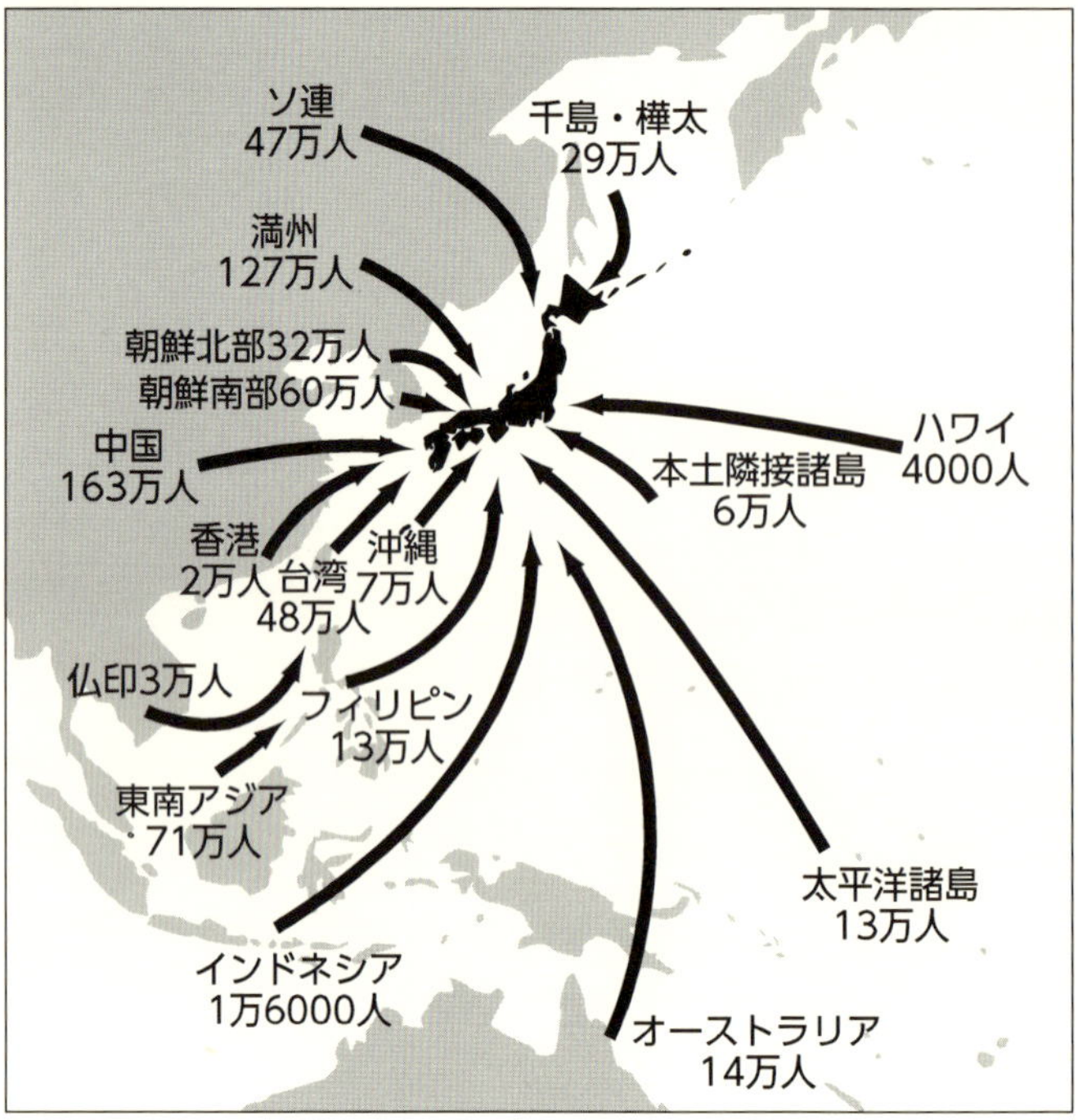

日本ではこれらのソ連の蛮行を「シベリア抑留」と総称しているが、抑留された日本人はシベリアだけではなく、ヨーロッパ地域を含むソ連全土や、さらには中華人民共和国、北朝鮮、モンゴルに散らばった捕虜収容所に入れられ、労働に従事させられている。

この後の一九四七年から、日ソが国交を回復する一九五六年まで帰国事業が続けられ、厚生労働省の調べでは、四七万三〇〇〇名が帰国を果たしたが、抑留中の死亡者は約五万五〇〇〇名、病弱のため旧満州や北朝鮮に送り返された者は約四万七〇〇〇名となっている。

満州へのソ連軍の侵入はもう一つの悲劇を生んだ。それは当時中国国内にいた家族も含めて二万人にも上る日本人が「留用日本人」として国内に留め置かれたことだ。「留用」とは「一定期間留めて任用する」という意味の中国語だが、これによって中国の国家建設に協力させられた日本人のことは、今ではほとんど忘れ去られている。

ソ連軍は満州侵攻後、軍の施設や満州鉄道、病院などの重要施設と、その日本人関係者を中国共産党指揮下の八路軍（正式には東北民主連軍、後に中華人民解放軍第四野戦軍）に引き渡した。当時中国国内では共産党軍と国民党軍が内戦中で、アメリカの強力なバック・アップを受けた国民党軍が満州に侵攻。八路軍はその戦闘準備のため、さまざまな職種の日本人を残留させ協力を強制した。

中国共産党員は日本人家庭を徹底的に調べ上げ、家族構成から職業、学歴までをリストにして、医師と看護婦、工場や鉱山の技師と熟練工、鉄道技術者、科学者、映画人、放送局職員をピックアップ。職場ぐるみや個人指名で留用していったのだから、日本人に逃れる術はなく、直接留用された日本人は一万数千人、家族をも含めると二万人を優に超える人数だった。

中国側の資料によると、八路軍に属する医療要員は一六〇〇人だったが、留用された日本人の医師・看護婦など専門職員は三〇〇〇人、このほかに補助要員が二〇〇〇人いたという。

中国空軍創設に協力した林弥一郎少佐

一九四六年四月になると、国民党と共産党の協定で、中国大陸にいた日本人一〇一万人が帰国することができたが、留用者たちはそのリストに入れてもらえなかった。共産党対国民党の内戦が激しさを増し、彼らの技術がますます必要となったからだ。

実は、先に挙げたポツダム宣言第9条により、軍人が一般人より優先されて、一九四五年九月から帰国事業が始められたのだ。一方、一般日本人の引き揚げはポツダム宣言の条項に明記されておらず、関係各国の判断に委ねられていた。つまり、一般日本人をいつ、どのように送還するのか、もしくは抑留するのかは、統治者の裁量次第であった。

一般日本人だけでなく技術のある軍人も留用された。元関東軍第四錬成飛行隊の林弥一郎《はやしやいちろう》少佐とその部下たちは帰国を許されず、一九四五年十月、瀋陽《しんよう》の八路軍司令部に呼び出された。林少佐の部下たちは、戦闘機パイロットから航空機整備兵、通信兵など当時の航空技術の最先端を行く技術者集団であった。

八路軍司令部には、後に毛沢東から国家主席後継者に指名された総司令官林彪《りんぴょう》（後に反逆者と断罪され、ソ連に亡命する飛行機の墜落事故で死亡）、伍修権《ごしゅうけん》参謀長、共産党中央東北局書記彭真《ほうしん》など大物がずらりと顔を揃え、林に対して共産党軍の空軍創設を要請した。国民党との内戦を進める八路軍に航空戦力は皆無で、アメリカ製の高性能作戦機を多数保有する国民党軍の、空からの攻撃にはまったくの無力であった。そのため戦局を有利に展開させるには近代的な空軍が必要であったのだ。

林少佐には、つい最近まで戦っていた敵軍に協力することは想定外であった。また軍人として「生きて虜囚の辱を受けず」という、戦陣訓の一節が重くのしかかっていた。しかし、三〇〇人の部下の命を守る使命もある。支配者の庇護を受けなければ、生きて帰国もできないことから、林少佐は「捕虜扱いにはしない」「日本人の生活習慣を考慮する」「家族と暮らすことを保証し、独身者の結婚を認める」という条件を付けた。

八路軍がこの条件を飲めば部下に諮り、部隊の過半数の賛同が得られれば協力することを申し入れた。この顚末については、ＮＨＫのドキュメンタリー番組で、林少佐の元部下中西隆氏がインタビューを受けていた。

部下の中には、とにかく軍隊を離れて除隊したい者、一刻も早く帰国を考える者などの反対が三九名、自決一名を出したが、過半数の賛成を得たのである。共産党の彭真書記から、条件が整えばできるだけ速やかに帰国させるとの約束を取り付けたことも彼の希望の一つであったようだ。

隊員たちは旧日本軍の飛行場から、破棄された飛行機と部品をかき集めた。日本軍は撤退する時には、飛行機を徹底的に破壊していた。そのため、最新鋭の米軍機を運用している国民党軍は、飛行場に放置された旧日本軍のスクラップには関心を示さず、手付かずのままだった。彼らはそれらの部品を大量に手に入れ、使える部品を組み立て、日本陸軍が開発していた九九式高等練習機を作り上げたのである。

この練習機で八路軍の兵隊を訓練するようになったが、飛行機に触ったこともない訓練生ばかりで、航空工学の一から教えねばならなかった。整備士養成も同様で、エンジンの仕組みから教えねばならず、言葉の壁で微妙なニュアンスがなかなか伝わらなかった。

一九四八年になると八路軍が優勢となり、十一月の満州での国民党軍との戦いは八路軍の勝利で終わった。この頃、国民党軍に留用されていた日本人は、アメリカの仲介ですでに帰国していたが、八路軍は留用日本人を手放さなかった。一つは冷戦で日本との国交が途絶えたこともあるが、何よりも国民党軍追撃に軍と移動する医療従事者や、さまざまな分野の技術者が必要であり、八路軍だけではそれを賄いきれなかったことにある。加えて、日本の技術者が優秀であったことも挙げられるだろう。

林少佐らの飛行隊では、当初は日本兵から訓練を受けることに反発していた中国兵も多かったが、日本将兵たちの熱心な指導ぶりにやがて打ち解けるようになり、パイロット養成が進んでいった。

一九四九年十月一日、毛沢東は北京の天安門広場に集まった三〇万人を前に、高らかに中華人民共和国建国を宣言。その直後、人民解放軍の赤い星のマークを付けた九九式高等練習機の編隊が上空に現れ、毛沢東をはじめ広場の群衆は空を見上げて大歓声を上げた。

パイロットの養成は、国民党との戦闘には間に合わなかったが、天安門の建国記念式典までには一〇〇人を養成しており、編隊飛行で空軍の存在をアピールしたのである。

その後、飛行隊は中国各地の記念式典に参加し、その存在を全国民の間に周知させた。留用日本人から訓練を受けたパイロットたちは各地で教官となり、その後に勃発した朝鮮戦争では、ソ連製のミグ19ジェット戦闘機を操り、米軍との実戦に参加したのだ。

日本赤十字が留用日本人の帰国へ向けて行動

天安門のパレードの後、林少佐たちは任務を果たしたとして、約束通り帰国させるように要請した。ところが、中華人民共和国自体が日本も含めた西側に承認されておらず、日本との国交もなかった。さらには朝鮮戦争の勃発で、帰国はますます困難な状態であった。その上、当時中国政府は国内開発に留用日本人を利用する計画を持っていた。

一九五〇年十月、八〇〇人の元満鉄職員とその家族が西に連れて行かれた。甘粛省の天水から蘭州《らんしゅう》まで約三五〇キロメートルの鉄道建設に従事させるためである。約三〇〇人の元満州鉄道の技術者たちは、設計、測量から建設まで立ち合い、一九五二年十月、予定より八ヵ月も早く二年余りで完成させた。

この鉄道は西方からの石油輸送に使われ、中国のエネルギー政策に貢献するが、宿舎は土をくり抜いたような部屋で電気もなく、サソリが這い回るような環境であったという。

一方、日本国内では、留用者帰国の動きも始まっていた。一九五〇年十月、モナコのモンテカルロで開催された国際赤十字第21回連盟理事会で、日本赤十字社長島津《しまづ》忠承《ただつぐ》が、中国から帰国しない看護婦のことを採り上げ、中国の紅十字会の代表李徳全《りとくぜん》女史に協力を求めた。さらに一九五二年六月、高良《こうら》とみ参院議員が上海を訪れ、当時上海で留用日本人として働いていた日赤看護婦に面会調査を行なった結果、半年後に中国は、日本政府が船を派遣すれば日本人の帰国に協力すると北京放送で発表した。

これを受けて、一九五三年一月二十六日には、島津日赤社長を団長とする代表団が北京に派遣された。しかし、日本政府は、シベリア抑留者が帰国した時、赤旗を振りながら労働歌「インターナショナル」を歌い、後に労働運動など左翼活動に参加する者も多数いたことから、留用日本人の中に共産思想に洗脳された者の存在を警戒していた。

そのため日本政府は島津に対して、帰国する留用日本人の中に、もし不穏分子がいる場合には、強制的に送り返すことを条件にして、受け入れを承諾するように指示していたのである。当然だが、これが交渉の焦点となった。

一九五三年三月四日が交渉期限とされていたが、島津は日本政府の明確な承認がないまま、三月五日午後四時、独自の決断で調印。これによって終戦から実に七年七ヵ月ぶりの、一九五三年三月から留用日本人の帰国第一陣が出発。以降、一九五八年まで帰国事業が続いたが、留用日本人のうち二〇〇〇人が内戦や事故で帰らぬ人となっていた。

金門島の戦いで台湾を死守した旧日本軍人

国民党政府軍を支援する二つの旧軍人グループ

日本の敗戦後、満州で逃げ遅れた軍人や民間人が共産党軍に「留用」された一方で、自ら国民党に協力して近代軍の創設に協力した旧日本軍将兵の存在もあった。この事実はマスコミなどでは報道されていたが、当時の日本は占領下のため、公式には認められていなかった。だが、一九四九年の第六回臨時国会で、共産党の細川《ほそかわ》嘉六《かろく》参議院議員が質問趣意書を提出したことに対し、閣議決定された答弁書が出され公的に知られるようになった。

答弁書では、元陸軍中将根本《ねもと》博《ひろし》氏と、同中佐吉川源三《よしかわげんぞう》氏を調査対象とした結果を伝えている。だが、その時点で根本氏は不在で、根本氏に同行していた吉川氏が帰国したのを機に接触し、調査したとしている。その内容によると、吉川氏は一九四九年一月に中国人の李氏と知人宅で接触し、中国への渡航を勧誘された。李氏の斡旋で根本氏と会い、根本氏など旧帝国陸軍軍人七名は、五月に東京を出発し、宮崎県の延岡《のべおか》沿岸から台湾に向けて出発した。一行は七月十日に基隆《キールン》に到着。八月に根本氏らが福建省に赴き、国民党軍の作戦に参加したが、戦況は共産党軍有利に傾き、吉川氏ほか二名は帰国と記し、「その他調査せしめた結果によれば、日本国内に日本人義勇兵が組織された事実はない」と結論付けている。

この答弁書で、旧日本軍高官を含む軍人たちが内戦中の中国大陸に渡り、国民党軍に参加していたこと。まだ一部が帰国せず、国民党軍と行動を共にしている可能性が高いことを日本政府が公式に認めたことになる。

実は、国民党政府がわざわざ日本にまで人を派遣して、旧軍人に誘いをかけてきたのは、この根本中将のルートだけではなかった。もう一つのルートは、国民党軍に降伏した支那派遣軍総司令官岡村寧次大将を中心とするグループである。このグループは岡村氏を通じて富田直亮《とみたなおすけ》元陸軍少将が団長として加わり、富田氏が名乗っていた中国名の白鴻亮《パイホンリャン》にちなんで「白団《ぱいだん》」と呼ばれていた。白団は一九四九年から一九六九年までの二〇年間、団長以下八三名に上る団員が台湾で軍事教官として活動し、国民党軍の基礎作りに参加したのだ。

金門島の戦いを指導し台湾を守った根本博元中将

一九四九年当時の中国大陸では、日本軍の武装解除後にソ連軍も中国から撤退し、力の空白が生まれていた。その間、蔣介石の率いる国民党軍と、毛沢東配下の共産党軍との内戦がいよいよ正念場を迎え、戦況が共産党軍に有利に働いていたのである。

当時の日本国内は、敗戦後の猛烈なインフレと大量失業により社会が混乱していた。後に日本三大ミステリーと呼ばれる、下山国鉄総裁が怪死した下山事件、三鷹駅構内で列車が暴走した三鷹事件、福島県松川で列車が脱線した松川事件など、国鉄争議に関する大事件が連続して発生していた。またソ連に抑留されていた人々が帰国した舞鶴《まいづる》港（京都府）では、復員兵たちが国際共産主義労働歌の「インターナショナル」を歌い赤旗を振るなど、日本国中が社会主義に傾倒するかのような雰囲気に包まれていた。

一方で、中国大陸で共産党軍に圧倒されつつある国民党軍に対し、支援を呼びかける声も日本国内で高まり、これらの勢力は反共勢力と結びつき、国内でも反共活動が活発化していた。また、国民党軍支援を標榜して金品を騙し取る募兵詐欺事件が起こったり、国民党政府が巨額の資金を用意して募兵を始めるというデマが広まっていた。マスコミが日本人による国民党政府軍への義勇軍問題を取り上げ、騒ぎ立てるような日本の雰囲気を察知した国民党政府は、各方面で旧軍人にアプローチして、協力を要請していたのである。

これには、占領下の日本で高級軍人をはじめとした職業軍人は公職追放され、軍人恩給の支払もおぼつかない状況が絡まっていた。軍人一筋に過ごした人たちは途方に暮れ、それに加えて骨の髄にまで浸みこんだ反共的志向があり、自分たちが敵として戦った国民党軍を正当化したいという思いも、彼らを動かすモチベーションになったと言えるだろう。

これらの軍人たちの中で、ボランティアとして最初に台湾に渡ったのは根本氏を中心としたグループである。根本氏たちは大陸で作戦に加わった後、国民党軍の台湾への撤退と行動を共にした。しかしその頃、白団招聘を具体化しようとしていた蔣介石は根本氏たち七人とダブルブッキングとなるのを嫌い、根本氏とその秘書役の二人だけを残して五人を帰国させることになった。

根本氏はこの時から一九五二年に帰国するまでの間、国民党軍の軍事顧問として多くの作戦指導に当たったが、もっとも効果が大きかったのが、中共軍の金門島《きんもんとう》上陸を阻止した作戦である。

金門島と馬祖島《ばそとう》は、国民党政府領である。特に金門島は中共軍の支配する中国大陸から二・一キロメートルしか離れておらず、中共からすれば喉元に刺さった魚の小骨のような存在だ。一九四九年十月二十五日深夜、中共軍八個連隊は、対岸の厦門《アモイ》からの砲兵隊の援護を受け、二〇〇隻のジャンクで金門島を三方向から包囲するようにして迫って来た。これに対する国民党軍は三個師団と保衛一個連隊である。

金門島と馬祖島の位置

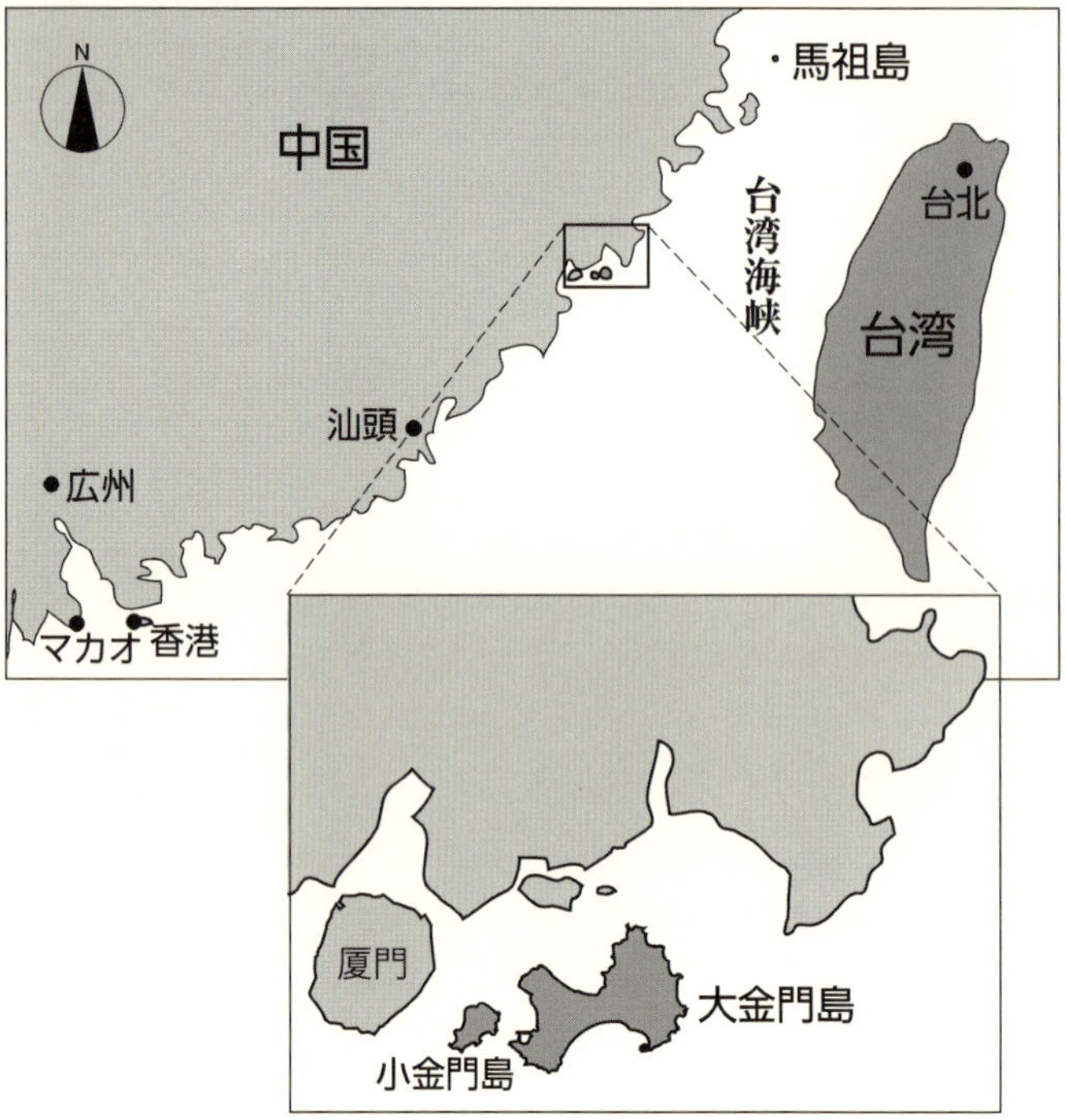

根本氏の作戦は、一発も反撃せずに全敵軍を上陸させ、内陸部に誘い込み一挙に撃滅するというものであった。案の定上陸部隊は簡単に上陸を果たしたが、日没後に国民党軍の奇襲部隊が、ジャンクに火を放って八六隻を焼いた。これにより補給と退路を断たれた上陸軍は混乱状態に陥り、それに乗じて国民党軍は総反撃に出たのである。

根本氏の策により、包囲の一方を開けていたが、中共軍は開けてあった海岸への道に雪崩を打つように逃げ込んで行った。国民党軍は島陰で待機していた海軍と協力し、海岸線に逃げた中共軍を、海と陸から挟撃して壊滅的な打撃を与えたのである。

私は、中国が台湾総統選挙を妨害する緊張状態の一九九六年に、取材で金門島を訪れたことがある。金門島には当時の戦場となった集落がそのまま保存され、弾痕が無数にある民家や、砲撃によって焼け焦げた農家の納屋などの生々しい痕跡を見ることができた。島の軍事博物館には、この戦闘の詳細がパネルや蝋人形などで展示してあったが、根本氏の存在を示すものは何もない。中共側の厦門の博物館にも行ったが、展示資料にもないと言うより、金門島の上陸作戦そのものが展示すらされていなかった。中国ではこのような負の歴史的事実は存在しないことになっているのだろう。

日台関係構築に貢献した白団メンバー

富田氏ら三名の白団先遣隊が、台湾に渡ったのは一九四九年十一月である。彼らはその後に大陸に渡って重慶の蒋介石と面会し、大陸での作戦指揮を執る。だが戦況が不利となり、蒋介石一行と共に台湾に渡った。

その後、台北近郊に開設された軍学校で、旧帝国陸軍の歩兵操典を基礎とした教練や戦術、通信、情報、戦史などを教えると共に、反共の精神教育を徹底して施したとされる。さらに軍学校卒業の大佐以上を対象とした高級課程、一九五二年の米軍の軍事顧問団派遣に伴って実施された高級幕僚課程、一九六五年から六八年までは、軍団長クラスを養成する陸軍指揮参謀大学で教育訓練に携わるなど、台湾軍の基礎固めに大いに貢献した。

白団メンバーは、日本では密出国などの法を犯したことになるが、台湾では軍中枢部の基礎を作り上げたとして評価され、団長を務めた富田氏は中華民国陸軍上将として遇され、遺骨の半分は台湾新北市にある海明禅寺に安置されているという。

台湾には、日本の経団連と同じような役割を果たす「行政院国軍退除役官兵輔導委員会（退輔会）」と呼ばれる組織がある。これは民間企業に携わる退役軍人の会で、台湾の実業界に絶大な影響力を持つ。この会のメンバーには白団の教育を受けた者も多く、退輔会の発足そのものも白団が退役する軍人のために尽力した結果とされている。

白団メンバーは、一九七二年の日中国交回復により、日本が台湾との国交を断絶した後に発足した「中華民族支援日本委員会」設立員として活躍。彼らは国交断絶後も、台湾の政財界との繋がりが深く、現在までの日台関係構築に貢献したことは間違いないだろう。

世界第二位の経済大国を援助する矛盾を生んだ中国との「終戦」

サンフランシスコ講和条約での極東の事情

一九五一年九月のサンフランシスコ講和条約の締結は、日本が第二次世界大戦の「敗戦国」という立場から正式に脱却し、普通の国家として国際社会に受け入れられるためのものであった。

しかし、台湾の国民党政府、中華人民共和国は、共にサンフランシスコ講和会議に招かれなかった。中国大陸での対日戦争犯罪裁判は国共内戦と同時に進められたが、講和条約は朝鮮戦争と同時進行であった。

一九五〇年十月、中国は朝鮮戦争に介入し、人民解放軍将兵を表面上は義勇軍として投入した。中国が介入する直接の動機は、鴨緑江《おうりょくこう》近辺にまで迫った米軍を撃退し、中朝国境を守るということであった。

当時ソ連は、最新鋭の武器を北朝鮮に投入したが、軍隊は参加させなかった。しかし北朝鮮の指導者金日成《キムイルソン》そのものが、ソ連軍が創り出した傀儡《かいらい》であり、このまま戦争が推移していくと、北朝鮮にはソ連の影響力のみが強く残るものとなる。

この状況を危惧した中国共産党指導層は、早期から義勇軍の派遣を計画し、ソ連に対抗して朝鮮半島への影響力を持とうとしていた。国境線を守るだけなら、多大な犠牲を払いつつ部隊を南下させる必要はなかったのである。

一方、国共内戦に敗れ台湾に逃れた国民党も、朝鮮戦争に参戦したがっていた。韓国の初代大統領である李承晩《イスンマン》は、アメリカでロビー活動を続けている間に台湾ロビーと深い関係を持ち、李は蔣介石を通じてアメリカの政財界に知られるようになったのである。

従って、彼がアメリカの全面的バックアップの下で韓国初代大統領になれたのは蔣介石のお蔭である。蔣介石にとっては李承晩の韓国を支えることで、自分の国際的地位を上げると同時に、台湾が軍事介入して中国共産党に戦いを挑み、再度大陸で中華民国を樹立するという「大陸反攻」の悲願を達成したいと考えていた。

朝鮮戦争を背景にしたこのような複雑な状況の中で、中華人民共和国と中華民国がサンフランシスコ講和会議に出席すれば、朝鮮戦争そのものも解決の糸口が見えなくなるため、台湾と中国ともに会議には招請されなかったのである。ちなみにサンフランシスコ講和会議に、参加を強く望んだ韓国政府も、対日参戦国ではないとして招請されなかった。

日本に宣戦布告した国々

1941年12月8日
アメリカ　イギリス　オーストラリア　ニュージーランド　カナダ　南アフリカ連邦　コロンビア　エル・サルバドル　コスタリカ　ドミニカ　ニカラグア　ハイチ　グァテマラ　ホンジュラス
12月9日
パナマ
12月10日
オランダ　キューバ　ベルギー
1942年
メキシコ
1943年
イラク　ノルウェー　ボリビア
1944年
リベリア　フィンランド　ルーマニア
1945年
エクアドル　ペルー　パラグアイ　ベネズエラ　ウルグアイ　トルコ　エジプト　シリア　レバノン　イラン　サウジアラビア　アルゼンチン　スペイン　チリ　デンマーク　ブラジル　ギリシャ　ソビエト連邦　モンゴル

講和条約第14条で連合国の賠償放棄が定められていたが、但し書きとして、日本が占領し損害を与えたものに、連合国が希望する場合には生産物や役務による補償を求めることができるとしていた。

サンフランシスコ講和条約締結後、日本は中華人民共和国および中華民国のいずれとも、個別条約を結ぶ自由を与えられた。講和条約が発効した一九五二年四月二十八日には、自由主義陣営に属した日本は、アメリカの強い勧めもあって、中華民国（台湾政府）と日華平和条約を結んだ。この条約では戦争状態の終結、台湾の放棄など戦後処理に関する条文が盛り込まれた。

中華民国は日本への賠償請求権は放棄したが、台湾にある日本の資産は没収した。この時中華民国が没収した資産は、軍事施設・武器・官営施設・私有財産など総額一一〇億円で、昭和二〇年の日本の一般会計歳入二三〇億円の半分弱という莫大なものだった。

ベトナム戦争敗退の穴埋めで中国に接近したアメリカ

サンフランシスコ講和条約は、戦後の平和回復に当たって、新たな冷戦構造という国際政治上の力学的ファクターが加わり、米・英・中（台湾政府）のポツダム宣言発信国すべてが西側に入り、それに日本も取り込まれるという構図を明確にする結果となった。以降の二〇年間、日本と中華人民共和国の関係は、民間貿易協定を通じて継続されてはいたが、冷戦期におけるアメリカの東アジア戦略の下に冷えたまま封印されていた。

戦後の日中関係に大変化が起きたのは、ベトナム戦争がアメリカの敗北で終わったことに端を発している。ベトナム戦争ではアメリカが当時南ベトナムの首都サイゴン（現ホーチミン）から「名誉ある撤退」として撤兵をしたが、その途端に北ベトナム軍の総攻撃が始まり、一九七五年にはあっさりと南ベトナムは消滅してしまった。

いくら背後にソ連と中国の援助があったとは言えども、北ベトナムというアジアの小国が軍事大国であるアメリカを敗走させたことが、アジアやアフリカ諸国に与えたショックは非常に大きかった。そんな中でアメリカの威信と力を保とうとしたのが、当時の国務長官キッシンジャー博士の戦略で、その中心となるのが「米中接近」であった。

中国は、一九六九年三月に中ソ国境でソ連軍と武力衝突を起こしたが、そのために国境に一〇〇万人のソ連軍が展開するという一触即発の状況にあった。中国側の恐怖感は強く、ソ連の核攻撃に備えて国内で地下壕作りを急ぐまでに追い込まれていた。

当時のアメリカ大統領ニクソンとキッシンジャー国務長官のコンビは、そうした中国に目を付けて近付き、これまでの「ソ連・中国vsアメリカ」という冷戦構造の枠組みを「ソ連vs中国・アメリカ」という構造に組み替えようとした。こうしてソ連を牽制することで、ベトナム戦争敗戦の穴埋めとし、敗戦のショックを吸収させていく装置に仕立て上げる戦略としたのである。一方の中国もソ連からの脅威を受け、いかに自国の存続を図るかという問題の解決を迫られていた。ここで両国の利害が一致し、一九七二年のニクソン訪中となり、後の米中国交回復へと繋がっていく。

米中の交渉は秘密理で行なわれたため、突然発表された米中接近のショックは大きかった。アメリカの中国包囲網に協力してきた西側諸国は、次々と対中関係の改善へと動いた。一九七二年三月にはイギリスが、同年九月には日本が中国と国交を正常化、十月には西ドイツがこれに続いた。

一九七二年九月の、日中共同声明では国交の正常化を謳い、中国が賠償請求をしないこと、中華人民共和国が中国の正当な政府と認めることなどが盛り込まれた。

一九七八年八月十二日には、日中平和友好条約（正式名＝日本国と中華人民共和国との間の平和友好条約）が結ばれた。これにより、長期間捻じれたままであった関係が終了することとなった。

日中の戦争状態は、一九五二年の日華平和条約で台湾との間では、「戦争状態の存続の結果として生じた問題については、サンフランシスコ講和条約を準用して解決する」として規定されていたため、中国との賠償問題もこれに準ずることとなった。

だが中国は、その代わりに政府開発援助（ＯＤＡ）として、日本から多額の資金を引き出すことに成功。二〇一五年四月現在もそれが続いており、世界第二位の経済大国を第三位の日本が援助するという、極めて不自然な状態が恒常化しているのである。

第五章

アジアの解放、独立、建国にいたる日本の影響

現在も軍事境界である板門店から北朝鮮を臨む

現在まで引きずる「八月十五日」に朝鮮半島で起こったこと

「解放」後、またたく間に共産主義に覆われた朝鮮半島

一九四五年八月十五日、日本がポツダム宣言の受諾を天皇自らが放送した時、一九一〇年以来、日本の統治下にあった朝鮮半島の日本統治が終わった。朝鮮半島の住民にとっての八月十五日は、第二次世界大戦が終了したのみならず、日本統治からの解放をも意味していた。

ポツダム宣言では、日本本土への方針はあらかじめ決められていたが、朝鮮半島についてては日本の領土と領海の範囲の中に朝鮮半島を含めないことで、朝鮮半島の独立は連合国によって確認されただけの状態で、明確な方針が知らされないままであった。

この状況の中で日本の朝鮮総督府は、敗戦後の朝鮮における治安を維持するために朝鮮

人側の協力を必要とした。そのため一九四四年八月から、建国同盟という秘密結社を組織して独立に備えて、朝鮮民衆に信望があった呂運亨《ヨウニヨン》と接触した。呂は穏健な社会主義者であり、その交友は中道左派民族主義者から共産主義者まで、国の内外を問わず幅広いものがあったとされている。

総督府側は少なくとも八月十七日の午後二時頃までには、ソ連軍がソウルに入って日本軍を武装解除し、そして刑務所にいる政治犯を一斉に解放すると判断していた。従って、ソ連軍が刑務所解放をする前に総督府の手で解放し、釈放された者たちを呂がコントロールしてくれるように要請した。呂は治安維持法に問われて留置されている者も含めて釈放する条件でこれを引き受けた。

その結果、八月十六日午前九時から始まった刑務所解放で、全国で一万六〇〇〇名が解放されたのである。朝鮮は民族解放の喜びに沸き立ち、各地で日章旗が降ろされ、朝鮮王朝時代からの国旗である太極旗が掲げられた。

日本本土では政治犯（多くが共産主義者）のほとんどが、十月十日まで釈放されなかったが、朝鮮半島では八月十六日と十七日に釈放され、十七日には朝鮮神宮が焼き討ちされている。

朝鮮の「解放」を受け、朝鮮半島のさまざまな地域で共産主義者による人民委員会が自然発生的に結成された。呂は釈放政治犯を組み込んだ「建国準備委員会」を立ち上げ、民族統一戦線的な連合体として全国展開を図った。刑務所から出た構成員が加わったために一気に勢力が増強し、八月末頃までには全国一四五ヵ所の支部が設置されるほどに政治的影響力を増大し、日本敗戦後の朝鮮半島での政治的空白は「建国準備委員会」によって埋められていくようであった。

終戦早々に南北に分断された朝鮮半島

米軍の朝鮮進駐を前にした九月六日、建国準備委員会は朝鮮人民共和国樹立を宣言するが、進駐した米軍当局は十月十日の声明でこれを否認した。米軍当局は左翼に対する対決の姿勢を明確に打ち出したのである。

だが、解放後創り出された政治的空白時で、いち早く行動を開始したのは共産主義者を中心とした左翼勢力であり、朝鮮全土に広がったのである。

九月二日、日本および連合国各国は、降伏文書への調印を行なった。連合国側は朝鮮半島を米・英・中・ソの四ヵ国による信託統治下に置く計画を持っており、米ソは互いに軍を朝鮮に進駐させる計画だった。だが、駐留している旧日本軍の武装解除などの戦後処理を北緯三八度線の南北で分担することを決めているにすぎなかったのだ。

しかし、朝鮮半島全体が左翼勢力に覆われている実情から、アメリカはソ連が朝鮮全土を占領することを恐れ、急遽、北緯三八度線を境に南を米軍、北をソ連軍が分割占領することで合意した。しかし、このことが、朝鮮半島のその後の歴史に大きな影響を与えることになった。

この時期から極東地域で冷戦が始まり、朝鮮全土を巻き込んだホット・ウォー（熱戦）にいたる火種がくすぶっていたのである。

米軍による日本本土占領や、ソ連軍による東欧諸国への占領に比べると、朝鮮占領については米ソとも準備が足りず、両国軍が朝鮮の内情を把握していなかったことや、占領政策が一貫しなかったことは、特に主要都市であるソウル市で大きな政治混乱を生む一因となった。このことは、その後の大韓民国と朝鮮民主主義人民共和国の建国による南北分断のみならず、両国内のその後の政治にまで大きな影響をおよぼすこととなった。

ソ連軍は米軍より早く朝鮮半島への進駐を開始し、八月二十四日には咸鏡《かんきょう》南道咸興《かんこう》に達したが、朝鮮半島北側の中心都市が平壌《ピョンヤン》であると知ると平壌へ後退した。

ソ連軍は八月二十六日までに平壌進駐を終え、ソ連側占領軍は朝鮮総督府の行政機関の存続を認め、それを通じて統治を行なおうとした。だが、このことが朝鮮人の不興を買い、また建国準備委員会などが存在し、実際に行政機能が失われていることを知って、これをすぐに取り消した。これらの経緯もソ連軍の南下が早すぎ、準備不足であったこと物語っている。

ソ連軍は、在ソ朝鮮人やソ連生まれの朝鮮人を投入して、占領政策を遂行しようとした。九月十九日にはソ連領内に退避していた金日成《キムイルソン》ら元満州パルチザンたちが元山《ウォンサン》に到着したが、彼らは各地に分散しすぎたり、地元の共産主義者と対立するなどして、政治的主導権を得ることに失敗し、あらかじめソ連と取り決めた役割を担うことができなかった。以降、金日成の権力基盤が安定するまで、三八度線以北では激しい権力闘争が続いた。

一方、米軍はソ連に遅れて進駐を開始。九月八日には仁川《インチョン》に上陸し、九日には日本側とソウルで降伏文書の調印式が行なわれ、南半分を占領統治下に入れた。

九月九日の降伏文書受諾後、太平洋米陸軍総司令部布告第1号から第3号までが交付され、三八度線以南の住民に対して米軍が軍政を布くこと、行政権は米軍司令官にあること、英語を公用語にすることなどが伝えられた。米軍は日本本土とは違って朝鮮半島では軍政を布いたのである。

朝鮮人は当初、日本からの解放者として米軍の進駐を喜んだ。しかし、ソウルではすでに独立国家建設を準備する組織が誕生していたこともあり、アメリカが軍政を宣言したことや、朝鮮総督府が残した行政機構や警察機構およびその人員を引き続き用いたことが大きな反発を生み、ソウルの政治情勢は乱戦模様を呈した。

米ソによる分割占領は固定化され、一九四八年になると、三八度線以南ではアメリカによる軍政が終了し、八月十三日に大韓民国の建国が宣言され、同年九月九日には三八度線以北において朝鮮民主主義人民共和国の建国が宣言された。

これにより、今日まで続く分断国家としての朝鮮の歴史が始まることとなった。互いに共通するのは一九四五年八月十五日を、大韓民国は「光復節」、朝鮮民主主義人民共和国は「解放記念日」として祝日としているところである。

「反日」が建国の原点となった南北朝鮮の建国事情

米ソ共に自国に都合のよい人物を指導者にしていた

一九四五年の朝鮮半島は、政治制度も固有の指導者もいない権力の空白地であった。ソ連が侵攻してきた北では、ロシア人が早々にトップダウンで共産主義の政治制度を押し付け、金日成が北朝鮮の指導者となったのも、有無を言わせぬソ連の力によった。南では、生涯の大半をアメリカでの亡命生活で過ごした李承晩がアメリカのカードであり、南朝鮮の住民の意向などはまったく考慮されずに彼が指導者になった。

当時のソ連もアメリカも、それぞれが自分らにとってもっとも都合のよい人物を、突然持ってきたものであったのは言うまでもない。

若き日の李承晩は、日本統治時代に政治犯となり、辛うじて処刑を免れてアメリカに渡り、苦学しながらハーバード大学で学位を取り、プリンストン大学で博士号を取得した後、一時は帰国したが、その後の三五年間をアメリカで過ごしロビイストとなったが、経済的には安定した状態ではなかった。

彼はロビイストとして祖国朝鮮の独立を訴え、祖国を植民地として虐げ、自分を政治犯として亡命者にした日本に対する、深い恨みを晴らす舞台が韓国であったのだ。そして自分が首班になれるよう熱心に売り込み、一九四五年八月十五日は、大願成就した日だった。

戦後の朝鮮処理に携わったのはごく一部のアメリカ人だった。彼らには朝鮮に対する知識はほとんどなかったから、アメリカ暮らしが長く、長年のロビー活動の経歴を持つ李が唯一の政治指導者候補となった。それともう一つ重要な要素は、彼が熱心なキリスト教徒であり、アメリカ人女性を妻としていたことである。

李承晩が大統領就任のため帰国した際には、マッカーサーの専用機に乗ってお国入りをした。長い間アメリカに留学し敬虔なキリスト教徒であった李承晩は、アメリカ的価値観を持ち、戦勝国アメリカの強力なバックアップがある。

従って、日本を諸悪の根源とした戦勝国アメリカの論理に乗ると同時に、個人的な日本に対する怨みと相まって、日本に対する敵対意識を盛り上げ、韓国国民の団結意識を植え付けた。ここに現在まで続く、韓国の強烈な反日感情のルーツの一つがある。

北朝鮮の金日成は、自ら指揮したゲリラ戦によって、日本軍を打ち負かし勝ち取ったという北朝鮮の建国神話を造り上げ、朝鮮を解放した抗日パルチザンの英雄として登場し、正当性を主張したことに、韓国が反日にいたったもう一つの理由がある。

金日成は、第二次世界大戦の終戦と共に、スターリンの指図でソ連赤軍をバックにして満州から朝鮮に入った。そのため、金は最初から過酷で強圧的なスターリン・モデルを採用。ソ連の軍事・政治経済などの顧問団に囲まれ、強力な国家体制を確立した。

一方の李承晩は、戦争中はアメリカにいた亡命者に過ぎず、戦後アメリカが連れてきて大統領に仕立て上げたもので、アメリカの言いなりになる人物と見られていた。

李承晩をバックアップするのは、在韓米軍司令官ホッジ将軍であったが、彼は生粋の軍人でぶっきらぼうな気質のため、李承晩を軽蔑していた。マッカーサーにいたっては、東京から日帰りで韓国に数回立ち寄るという程度の扱いだったのだ。

韓国の政権は危機的状況に陥ると反日を強調

李承晩には、北のライバル金日成のような建国神話はなく、カリスマ的なものもない。

そのため一層の反日政策で、自らの正当性を示そうと躍起になったのである。その具体的な表れが一九五二年の「海洋主権宣言」で、一方的に引いた領海線（李承晩ライン）の中に竹島を取り込んだことである。

当時の日本は、サンフランシスコ平和条約発効の三ヵ月前であり、主権の回復ができていなかった。そのため何も主張ができない状況で、韓国は警備隊を竹島に常駐させるという実力行使に出た。

李承晩ライン

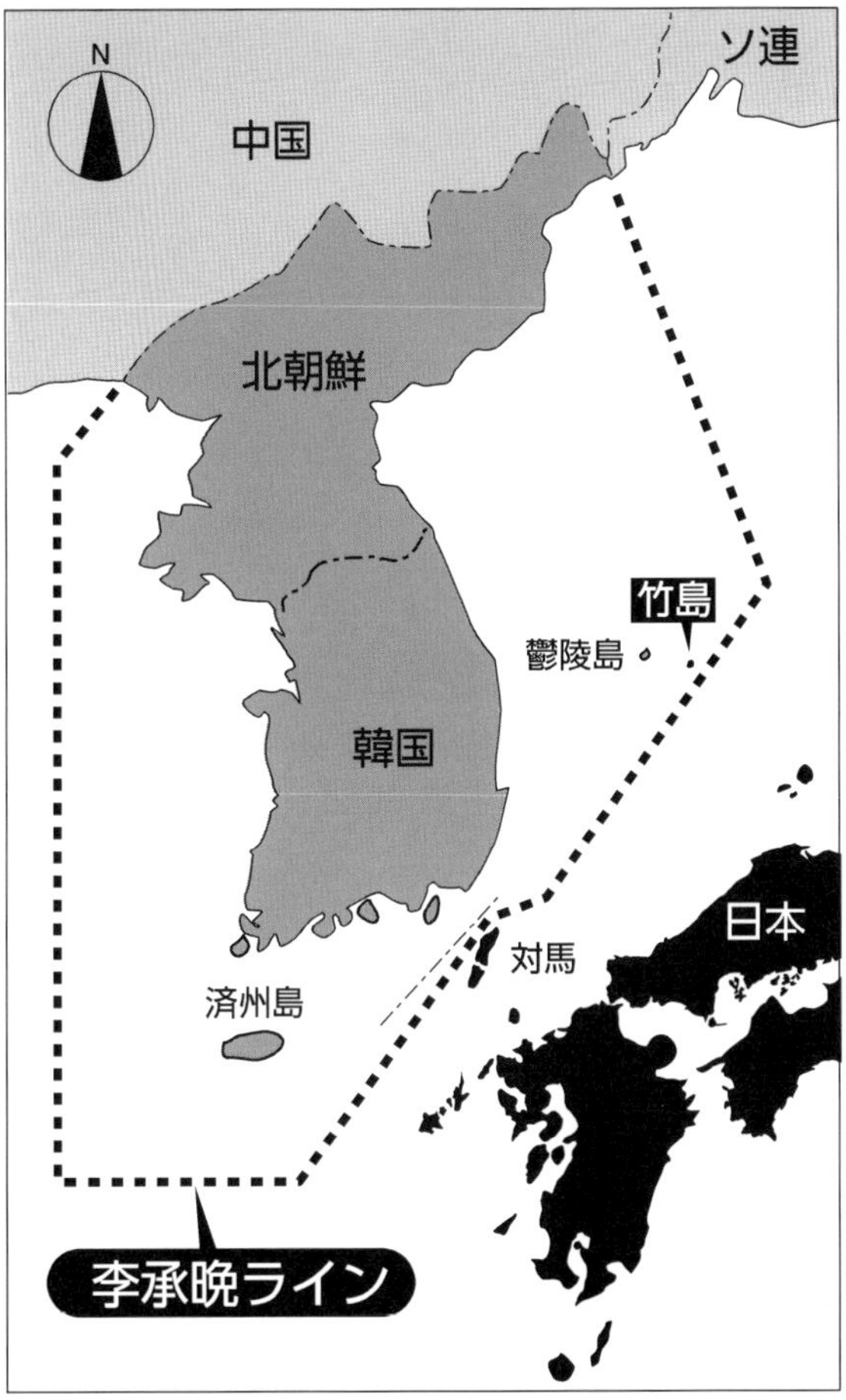

この李承晩の引いた領海線は、一九六五年の日韓基本条約の締結で廃止されたが、その間に拿捕された日本漁船は三二八隻、三〇〇〇人を超す日本人が抑留され、銃撃などによる日本人死傷者は四四人におよんでいる。

李承晩は日本人に対してむ

き出しの敵意を見せつけることで、自らのアイデンティティーを示したのだ。

このように見てくると、竹島は韓国独立の象徴であり、竹島の領有が崩れると七〇年間にわたる韓国の基本的な理念が消滅するという、実にきわどい状態なのだ。

竹島がこのような状況下にあることで、韓国の政権は危機的状況に陥った時に、問題の本質から国民の目をそらすために政治利用してきた。その典型となるものが二〇一二年八月に李明博《イミョンバク》大統領の竹島上陸だ。そしてロンドン・オリンピックのサッカー三位決定戦で、日本に勝った韓国代表チームの朴鍾佑《パクチョンウ》選手が、政治的活動を禁止するオリンピックの場で「独島（竹島）は我らが領土」とアピールした。この二つはこれまで長い間積み上げて来た日韓関係の根本を揺るがす事件であり、後者はオリンピックの精神そのものを踏みにじったことになる。

さらに李明博大統領は、「日王（天皇）が韓国を訪問したいのなら、独立運動で亡くなった方々に膝を折って、心からの謝罪をする必要があると（日本側に）伝えた」と、天皇が韓国訪問を切望しているかのような事実無根のことを前提にした発言をしたのである。

一国の大統領としての見識も矜持も欠いたこの発言は、実際には過激な言葉を使っているため、さすがの韓国メディアもその内容の意訳を報道し、日本のマスコミもそれに倣ったと言うのが真相だ。

これらの行為に対して日本政府は、駐韓大使を一時帰国させ、親書を送って抗議する旨を伝えようとしたが、韓国は受け取りを拒否。これに対して日本のマスコミは史上初の出来事と大騒ぎしたが、明治新政府成立直後の一八六八年十二月に、日本政府は新体制の下での国交を申し入れたが、当時の李朝朝鮮は国書の中に使われている「皇」や「奉勅」は清国の王朝のみに許された言葉であるとして受け取りを拒否している。李大統領が「日王」という言葉を使ったのも、この故事に倣ったものだと考えても、あながち間違いではないだろう。

韓国が自国領と主張する竹島

韓国のアイデンティティーの問題と深く絡まり合っているが、日本人にとって竹島問題の解決は、究極すればハーグの国際司法裁判所で近代国際法に照らし合わせて決着を付ければ済む問題である。日本人にとって竹島で起こっていることは、領土に関する揉め事であり、国際法という客観的な基準に準拠することが大前提である。しかし、韓国はこれに応じる気配がまったくないため、日本人が疑念を持つのは自然であろう。

これに対して韓国は竹島領有を歴史問題と絡めて捉えている。李明博大統領の天皇に対する発言もその典型例だ。歴史に対する認識は、客観的事実を積み重ねることを大前提とするが、それをナショナル・ヒストリーとして物語にする過程で、まるで正反対となることも多い。それ自体は近代的なナショナリズムを基礎とした国民国家形成の過程では致し方のないことでもある。従って、「竹島」を歴史認識の問題として捉えると、永遠に決着のつかない問題となるわけだ。

このことで日韓の関係がギクシャクし、日本人の間に嫌韓意識が強まり、韓国人の間に反日の感情が高まり、互いの間に言い知れぬ不安と苛立ちが募るという事態は不毛だと言えよう。と同時に互いの本当の姿を見失ってしまうことなりかねない危険性をはらんでいるのだ。

欧米からの独立の旗がアジアに掲げられた日

欧米の植民地となっていた二〇世紀のアジア各国

二〇世紀が始まった頃のアジアには、全国を統一する中央政府があり、そのガバナンスが行き渡るシステムが機能している中央集権国家は、タイと日本のたった二ヵ国しかなかった。

中国をはじめ、現在は独立国となっているアジアの国々は欧米の植民地であった。インド、ビルマ（現ミャンマー）、シンガポールを含むマレーはイギリスの植民地。ベトナム、ラオス、カンボジアは仏領インドシナ。フィリピンはアメリカの植民地とされ、インドネシアは三〇〇年近くもオランダ領だったのだ。

一九一四年に始まった第一次世界大戦では、日本は日英同盟の関係からイギリス、フランスなどの連合国側に加担し、戦勝国としてドイツの支配下にあったサイパン、ヤップなどの南洋諸島を国際連盟から委任統治領とされた。この頃から、日本の東南アジアへの関与の度合いが深まっていった。

日本軍の侵攻は欧米の権威を失墜させた

一九三九年にヨーロッパで第二次世界大戦が始まり、一九四〇年になるとドイツと英仏が本格的な戦闘に入った。その結果、インドネシアを植民地とするオランダと、インドシナ三国を植民地支配するフランスがドイツに降伏。本国が消滅したオランダはイギリスのロンドンに亡命政権を作ったが、インドネシアのオランダ植民地権力は孤立していく。

フランスも後にフランス大統領となるシャルル・ド・ゴール将軍が、ロンドンに自由フランス亡命政権を設立したが、フランス本国はドイツの占領地域と、ドイツに従順なヴィシー政権下の地域に国土が二分され、インドシナの植民地はヴィシー政権の中に残されたが、三つの権力が存在する混乱状態であった。本国政府が実質的には消滅したフランスとオランダの植民地は、力の空白地域となっていたのである。

日本は日・独・伊三国同盟を結んでおり、ドイツの勝利により作られた力の空白を埋めるべく、一九四〇年五月には北部仏領インドシナへ進駐し、さらに翌年七月には南部にも進駐を断行した。日本軍のインドシナ進駐は、フランスの抵抗を受けず、日本とフランスのヴィシー政権の実質的な共同支配体制が成立したのである。

西欧の植民地になったアジアの各国

一九四一年十二月八日早朝（日本時間）、ハワイの真珠湾攻撃のほぼ一時間前に、日本軍はマレー半島に上陸した。

イギリスの海軍大臣チャーチルは、新鋭戦艦プリンス・オブ・ウェールズと巡洋艦レパルスの二隻を、一九四一年に東洋艦隊へ配備していた。この二艦は、日本海軍の主要戦闘艦よりも優れているため、日本軍は東南アジアの植民地には手を出さないだろうと判断したのだ。だが、この二艦は戦争が始まってすぐのマレー沖海戦で、日本海軍の航空部隊によって撃沈されてしまった。

東南アジアでの大英帝国は、マレー半島での敗北や頼みとしていたシンガポールの陥落で、威信は総崩れとなってしまった。続けて日本軍は一九四二年三月九日に、インドネシアのオランダを屈服させた。東南アジアでの日本の勝利は、アジアの支配者としてのイギリス、フランス、オランダ、アメリカの力と権威を急激に失墜させ、東南アジアはヨーロッパの植民地域から脱却できたのだ。

日本軍が侵攻して来た時、イギリスやオランダ、アメリカなどの欧米列強が、あまりにもあっけなく敗退していったことは、東南アジアの人々にとって極めて大きな意識改革となった。アジアの人々は、それまで自分たちの上に君臨していた力が、思っていたよりも脆弱であったことを目の当たりにしたのである。

日本は欧米諸国のアジアでの植民地支配を打ち破ったが、独立させずに日本の軍政下に置いた。アジアの国々は日本の敗戦により、独立の旗を高く掲げ自らの運命は自らが決定できる国家作りができる状況となった。しかし、東南アジアの民衆は、ナチスドイツの敗北後のヨーロッパ人のように、直接的な解放に繋げていけなかった。

日本の敗戦で旧宗主国が再び支配を目論む

日本は、一九四五年八月十五日にポツダム宣言を受け入れ、無条件降伏を表明した。しかしフィリピンではアメリカが直接軍事進攻し、すでに二月には日本軍の軍事的敗北が決定していた。沖縄では同年の六月、サイパン、グアムはもっと早い時期であった。これらのタイムラグが、それぞれの戦後の形を決定づけて行ったのである。

フィリピン以外の東南アジア各国では、連合軍の具体的な軍事進攻はなかったが、欧州各国には、日本が敗戦した後の植民地を復活しなければならない事情もあった。特にオランダとフランスはドイツに降伏して国家が消滅しており、イギリスとアメリカのサポートでドイツに勝利したという経緯がある。このことは戦後のヨーロッパと世界に対して負い目となる。特にフランスのド・ゴール将軍はこのことにこだわりを見せ、米軍司令官のアイゼンハワー将軍に強硬に申し入れ、パリに入場する連合軍の先頭に、赤いベレー帽の自由フランス軍を行進させた。

フランスにとってインドシナは、北アフリカのアルジェリアなどと共に、荒廃したフランス経済を立て直すための資源であり、対外政策上でも英米に対抗するフランスの威信を構成する重要な要素であった。

オランダも同じような理由で、インドネシアを植民地としての再統治を狙った。イギリスも戦後の経済を立て直すために、アジアの植民地が必要だったのである。

反面、東南アジア各国にとっては、日本軍の統治以前と同じ植民地となるのか、それとも植民地の軛《くびき》から脱して、独立の道を選択するのかを迫られることでもあった。その決定は日本軍が撤退し、欧米列強が入って来るまでのごく短い時間に準備を整え、決断しなければならなかった。

第二次世界大戦中、日本の軍政下に置かれていたインドネシア、マレー、ビルマ、そしてインドシナやフィリピンの各地域は、それぞれが直面していた条件に具体的な違いがあった。だが、それぞれに共通していたのは、日本軍に敗れて敗走していった旧宗主国支配者たちの、惨めな姿と権威の失墜を目の当たりにしたことである。

さらに、宗主国に媚びへつらいながら、その権威を背景にして横暴の限りを尽くした自国の旧支配層の姿に辟易したことだ。これらのことから、各地域で国民が主役となる近代国家の設立を望む民衆の意思が芽生えてきたのである。

アジア各地で起こった独立運動

独立を実現させるには、復帰してくる欧米列強勢力を駆逐する実力組織が必要だ。この軍事組織を短い間に整えられるかどうかが鍵である。

フランスが、インドシナの植民地を再度支配しようと復帰を始めたのは一九四五年九月である。この時には、すでにホーチミンを中心とするベトミン勢力による、ベトナム民主共和国の独立宣言がなされていた。フランスは大規模に軍を展開させて、ベトナム民主共和国の破壊に乗り出していくが、一九五六年六月にはベトミン軍に敗退した。

その後、アメリカの支援による南ベトナム建国と、米軍の全面的な南ベトナム支援で始まった第二次ベトナム戦争を通じて、一九七四年には北ベトナムの南北統一によってベトナム独立が成就するのである。

インドネシアでは、日本は一九四五年七月十七日に、インドネシアの正式独立を認めていたが、それが実現する前に日本が降伏してしまった。

だが日本軍政の下で、ペタ（郷土防衛義勇軍）やバリサン・プロポール（推進隊）、さらにイスラム教徒青年が結成したバリサン・ヒズボラ、青年団、警防団、そして国民的な組織としてプートラ（民衆総力結集運動）などの各種の日本協力組織が結成されていた。

各組織は日本軍から武器を与えられ、日本式の軍事訓練を受けていた。日本の敗戦が濃厚になった一九四五年になって、後にインドネシア初代大統領になるスカルノらを中心として、独立調査委員会が設立されて独立に向かって動いていた。そして日本敗戦の二日後の八月十七日には、インドネシア共和国が独立宣言をしている。

インドネシア各地で、これに呼応する民衆の行動が広がり、日本軍の武器が彼らの手にわたり、九月にはスラバヤにインドネシア共和国の実効統治が実現。九月末にはジャワの主要都市すべてに、同様の状況が作り出されていったのである。

日本軍の収容所から釈放された、オランダ軍人や民間人たちは、現地人たちの意識改革に気付かず、連合軍の勝利を戦前の植民地支配者への復帰と受け止め、そのように行動したため独立運動と激しく対立した。オランダ軍は一九四五年九月末にインドネシアに上陸し、力による制圧に全力を挙げるようになる。だがインドネシア独立勢力はオランダと激しい戦闘の末に、一九四九年末に独立を果たした。

またビルマ（現ミャンマー）では、指導者のアウンサンが独立義勇軍を組織し、イギリスからの独立を希求して民族運動を展開していた。一九四一年十二月には、義勇軍が日本軍の先兵となり、ビルマ侵攻に協力したが、日本は軍政を優先した。ビルマ政府は事実上の傀儡政府となり、アウンサンたちと約束したビルマ独立が果たされなかったのである。

そのため、一九四四年八月にパサパラ（反ファシスト人民自由連盟）が結成された。この組織は日本の敗北を見通し、連合軍の攻勢に応じて日本軍に反抗したのである。そして一九四五年三月には、ビルマ国民軍が反日武装蜂起した。五月にはビルマでの事実上の戦闘は終了したが、イギリス軍が戻って当然のように植民地支配者として振る舞ったのである。その結果、ビルマでも日本降伏後には、前支配者イギリスとの独立を巡る闘争となった。これらの戦いを経てビルマが独立を果たしたのが一九四八年である。

フィリピンでは、早くから独立運動が起こっており、一八九八年には活動家のM・ポンセとF・リチャウコらが密かに来日し、日本から武器を調達して船に積み込んだが、上海《シャンハイ》沖で台風に遭遇して沈没。それと前後して日本人支援者六人がマニラに潜入して独立派と接触して、アメリカ側に逮捕されるなどしていた。

一九一五年には、反米独立運動家のアルテミオ・リカルテ将軍が日本に亡命。一九四一年の日本軍侵攻に合わせて帰国するなど、日本と独立運動家との繋がりは深かった。だがフィリピンでは、日本が侵攻する以前の一九三五年十一月に、アメリカとの間で一〇年後の独立が約束されており、他のアジア諸国のように、日本の敗戦―植民地からの独立運動―独立宣言という構図と違った展開を見せている。

そのため、現地人たちによる自治政府がすでに存在していたため、フィリピンの抗日運動は根強いものであった。その活動は、フィリピンに残存した米極東軍兵士を中心とする

「ユサッフェゲリラ」と、小作料の引き下げや貧農への耕作地の配分などを主張する農民運動が中心の抗日組織「フクバラハップ（抗日人民軍）」の二つの組織に代表される。

かつてスペインの植民地であったフィリピンは、巨大地主を基礎とした寡頭政治（少数者が国家権力を握って行なう独裁的政治）の世界であった。日本がフィリピン占領後の一九四三年十月に、独立を認めたホセ・ラウルス政府は、戦前にアメリカの認可の下で発足していた自治政府および議会の主要メンバーであり、寡頭政治の継続であった。このことからフクバラハップ活動は、抗日であると共に、社会構造への挑戦でもあったのだ。

フィリピンでは一九四五年二月に日本の敗北が決定し、他のアジア諸地域よりも早く戦後が始まった。マニラに戻ってきたマッカーサーの米軍は、他の地域の旧宗主国と同じように、植民地の回復を実行した。米軍は寡頭政治を残存させつつ、支配力を強めようとし、フクバラハップの幹部を逮捕し武装解除をした。

だがフィリピン人の意識は、戦争中に日本軍に追い詰められ、部下を残したまま魚雷艇でオーストラリアに脱出したマッカーサーや、降伏した米軍に対して、戦前とはまるで違う感情を醸成していた。彼らは反米闘争を展開していったのである。

フィリピンの独立は、一九四六年七月四日だが、経済的にはアメリカの全面的なバックアップに頼る状況が戦後しばらく続いていく。

インドネシア独立戦争に参加した旧日本軍人

インドネシアの独立運動には、多くの日本人が深く関与していた。日本の敗戦後、インドネシア側の武装勢力に身を投じて、独立戦争に参加した日本兵は約一〇〇〇名いたとされている。

彼らが独立戦争に参加した動機はさまざまである。日本は戦争の目的として、アジアから欧米勢力の排除を打ち出し、大東亜共栄圏、東亜新秩序を唱えていた。そのことから欧米からのインドネシア解放・独立など、敗戦によって頓挫した戦争目的を完遂させようとした者や、日本に帰国し戦犯として裁かれることを恐れインドネシアに残留した者、また日本軍政期に各地で結成されたペタ（郷土防衛義勇軍）の教官として、インドネシア人青年の訓練にあたった者の中には、その教え子たちに請われてインドネシアの独立戦争に参加した者もいる。

残留日本兵の半数は、インドネシア各地の独立戦争で命を落としたが、ジャカルタのカリバタ英雄墓地をはじめ、各地の英雄墓地に葬られ、戦後生き残った元日本兵も、インドネシア国籍を与えられ、これらの墓地に埋葬される予定である。スカルノ大統領はこれら独立運動に参加した旧日本兵たちを顕彰し、六人の日本人に国家最高の栄誉「ナラリア勲章（独立名誉勲章）」を授与している。

インドネシアの独立後の一九五八年には、日本とインドネシアの平和条約、賠償協定が締結された。日本企業のインドネシア進出が本格化する一九六〇年代に、両国間の橋渡しの役割を果たしたのは、これらの元日本兵たちであった。

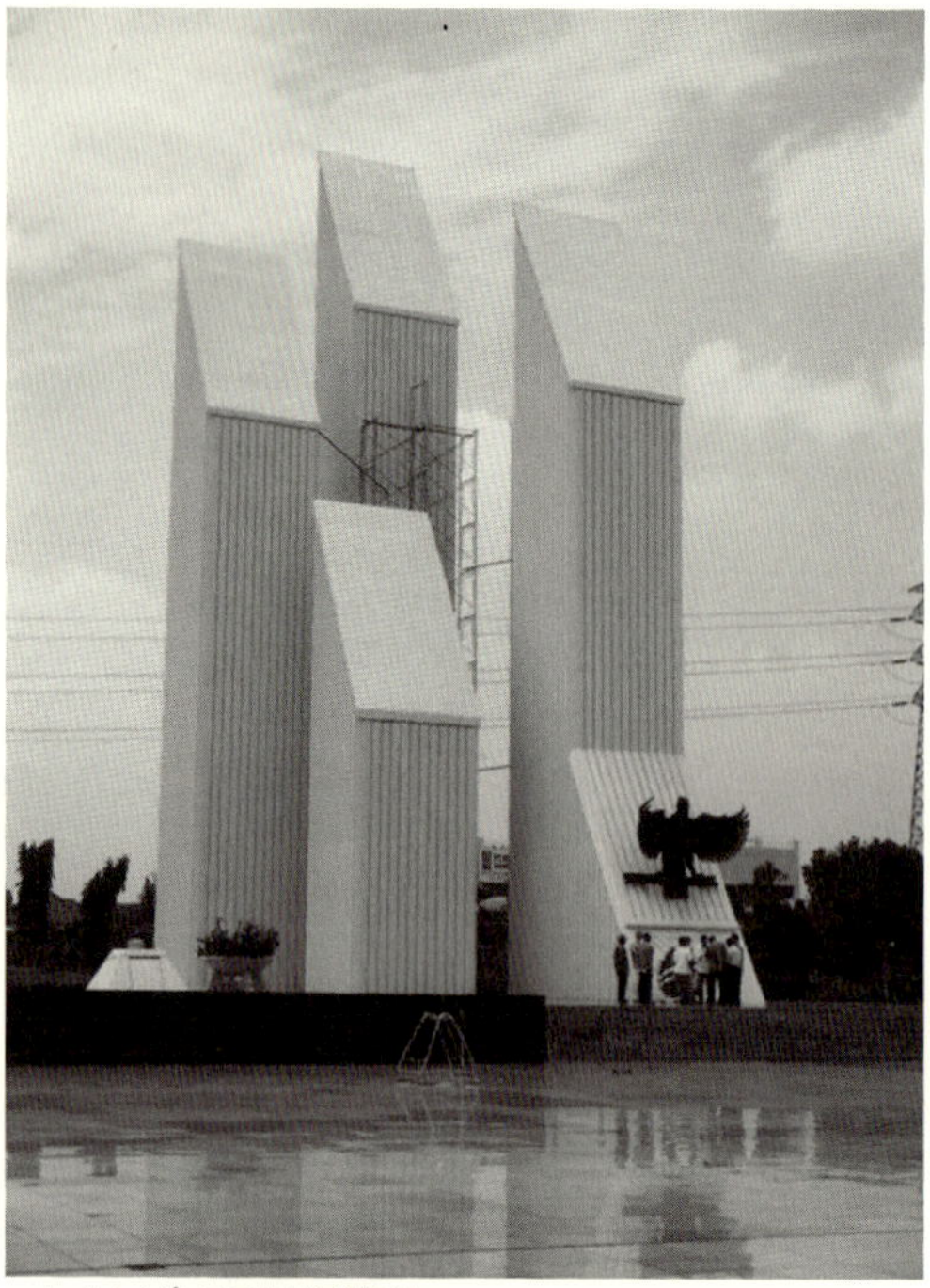
カリバタ英雄墓地

インドネシアが現在、台湾と並んで親日国とされ日本との結びつきが強いのは、日本軍政がインドネシア社会に大きな政治的インパクトを与え、現地のナショナリズムを刺激し、脱植民地化を加速させたという評価が、人々の間に定着しているからだと言えるだろう。

終章

今も残る第二次世界大戦の長い影

皇居前を行軍し占領をアピールする米軍

アメリカの占領政策が生んだ新憲法と「正しい歴史認識」

本当は日本本土進攻に緊張していた米軍

終戦から、ちょうど四〇年目にあたる一九八五年八月末、ロサンゼルスからボストン行きの機中で、初老のアメリカ人男性と隣り合わせとなった。食事時に同じ銘柄の赤ワインを注文したことから、話が弾むようになった。彼はその時六五歳の弁護士で「一九四五年のちょうど今頃、兵隊として日本へ行ったことがある」と話し始めた。彼はマッカーサーの先遣隊として、一九四五年八月二十九日に厚木基地に降り立った空挺部隊の一員であったのだ。

「マニラを発つ前のブリーフィングで、われわれは厚木に着陸したとたん必ず戦闘になると予想し、ガチガチに緊張していた。パイロットも相当緊張していたらしく、厚木に着陸する時、向かい風方向ではなく追い風方向に着陸してしまったんだ。だから着陸する時にスピードがつきすぎて、危うく滑走路をはみ出しそうになったと後で聞いた」と言う。

終戦直前の特攻攻撃や玉砕突撃で、日本軍の敢闘精神には散々悩まされた経験から、厚木占領も一筋縄でいくわけはない。着陸したとたん、必ずバンザイ攻撃があるという認識は当時の先遣隊全員の認識だったようだ。

「飛行機のドアが開く直前、気合を入れるために全員が銃を握りしめて、〝ウォーッ〟と声をあげた。着陸後は、低く身をかがめる戦闘態勢で機から離れた。ところがどうだ、日本軍の高級将校が、大汗をかきながら駆け寄ってきた。彼の顔は笑顔だったんだ。これまでの日本兵とはまったく違うイメージだったよ。しばらくわれわれも緊張していたが、何も起こらないんで三〇分もしないうちにドッと気が抜けてしまった……」。

この弁護士とは、ボストンに着くまでの約六時間半話をしたが、酒が入っていたためか、饒舌ですこぶる快活だった。偶然とは言え、こんな貴重な話が聞ける機会に恵まれたことは幸いだった。

神奈川県にある厚木基地は、現在は海上自衛隊と米海軍の飛行場として使用されているが、マッカーサー元帥が日本占領のために最初に降り立った地として知られている。また、米軍内部で激しい敵地一番乗り競争があったことも知られている。マッカーサーの到着前の八月二十八日早朝に、米軍の艦載機が飛来して「WELCOME」と書いた標識を投下し、厚木への一番乗りは艦載機であることを示そうとしていた。そんな彼らも内心では敵地での戦闘を覚悟し、緊張感の中で厚木に飛来したのであった。

八月三十日に厚木に乗り込んだマッカーサーも、自らの不安を隠すためにいろいろと演出している。レイバンのサングラスをかけ、丸腰でコーンパイプをくわえながら悠然と厚木の飛行場に降り立ったポーズもその一つだろう。

マッカーサーは日本国民の上に君臨しようとした

米軍が日本に進駐してみると組織的抵抗は一切なく、軍隊の武装解除にも流血騒ぎなども皆無で、すべてが円滑に運んだのである。天皇の権威、日本政府の継続性にもいささかの動揺もないばかりではなく、国民の間の規律も何ら問題がなく、まさに模範的な平和的進駐となったのである。

一八七〇年の普仏戦争で、フランス皇帝のナポレオン三世は降伏して捕虜となり、帝政は崩壊。日露戦争後にもロシア帝国は残ったが、革命勢力が大きく成長し、第一次世界大戦末期の一九一七年にはロシア革命が起こり、ロマノフ王朝は消滅。ソ連が誕生してドイツと単独講和となった。ドイツも第一次世界大戦の敗北で皇帝ウィルヘルム二世が退位し、オランダに亡命。オーストリアのハプスブルク帝政も崩壊。第二次世界大戦では、イタリアは一九四三年に連合軍と休戦協定を結んだが、実質は無条件降伏であった。国民を捨てて逃走した国王とその政権は信頼を失い、一九四六年の国民投票で王制が否定され、共和国となった。ドイツではヒットラーの自殺一週間後に全軍が降伏。しかし、国家としての継続性は認められずに連合軍に占領されてしまったのである。

厚木に降り立ったマッカーサー

日本の敗戦はこれらの歴史的先例からは大きく違っている。敗戦後、当の連合国が戸惑うほど秩序を保ち、国民も政府も整然としており、降伏をした国家として歴史上ありえないほどのものであった。これは紛れもなく国家として降伏契約を立派に履行したことになる。

にもかかわらずマッカーサーの日本進駐は、降伏の契約的性格をアメリカが一方的に否認して、あたかも征服であるかのように占領を強行した。GHQは日本政府に対して、軍政による直接統治、占領政策違反者の軍事裁判、軍票の流通を規定する「三布告」の命令を下したが、日本政府は日本の降伏とドイツのそれとは法理論的に違うことを指摘して強く反論した。重光外務大臣がマッカーサーと直接会見し、日本政府の不同意を通告したので、マッカーサーは日本側の言い分を理解して、ただちに三布告文を撤回したのである。

この件では幸いにして、日本政府は自身の立場を貫けたが、このような強権的な占領政策で、戦後の日本人のメンタリティーに多大な影響を与えたとされる事柄が数多くある。その象徴的な例として挙げられるのが、新聞など印刷物の検閲制度と戦争贖罪宣伝計画（War Guilt Information Program）である。そして、その主要な節目が日本国憲法の制定であり、東京裁判の派手な演出である。

GHQは日本人に罪悪感を醸成させた

新聞などの検閲は、初期には事前検閲であったが、後に事後検閲になった。事前検閲の場合はあらかじめ記事内容などを当局に届け出て、当局の都合が悪いところを訂正させられるが、事後の場合は自由に発行させておいて、占領政策に不都合な記述があると発禁処分にしたのである。

これにより、発行元は発行物を回収しなければならず、多大な損害を被るわけである。従って、発行元は当局の顔色を伺い、自己規制が先に立つ編集をせざるを得なくなったため、ジャーナリズムとしての役割は果たせず、当局の言いなりになってしまった。

検閲はこれに留まらず、国民生活にまでおよんでいく。一般の手紙は無差別に抽出され、検閲事項に抵触するものは翻訳され、ブラック・リストに載せられたり、場合によっては逮捕されるという例もあったようだ。

この検閲をさらに上回るものとして、戦争贖罪意識の宣伝計画があった。これは検閲を徹底させた上で、積極的に世論を操作するという大衆心理操作作戦で、一九四五年十二月の時点での、GHQ民間教育情報局長のメモで明らかにされている。

それには、日本は国家として無条件降伏をしたと強調し、その上で戦争を侵略戦争と認識させる。そして、その責任者を戦争犯罪人として処罰するのは当然であると思い込ませ、日本人の間に罪悪感を醸成させるものであった。

このような考えの根本には、戦争を民主主義対ファシズムとの闘いであったと規定し、民主主義は善でファシズムは悪と、単純に割り切ってしまうアメリカ流の思想がある。これはまさに中世の十字軍のように、善なるキリスト教徒が邪悪なイスラム教徒を力で懲らしめる聖戦と同じ発想であり、不毛な闘いの復活でしかないと言えないだろうか。

戦争が終わり、国際紛争が解決されれば、必要十分条件が整えられるとしたこれまでの積み重ねが無視され、敵を精神的にも圧倒して殲滅してしまおうという意識が見えてくるだろう。

このような善と悪の戦いに敗れ、悪を成したものが悔い改めて不戦の誓いをし、アメリカ流の民主主義を国家の基本となす日本国憲法は、アメリカ流の考え方を成文化したものだとの見方もある。これからすれば、終戦七〇周年において、中国と韓国が日本を攻撃する言葉として盛んに使う「正しい歴史認識」なるものの本質は、アメリカの占領政策の根幹を示す思想であることが見えてくるだろう。

謝らないドイツと謝り続ける日本

日本に謝罪を求める中国の習近平主席

一九七〇年、ポーランドのワルシャワで、ナチスによって殺された数十万もの人々を追悼する行事が行なわれた。その時、当時の西ドイツ首相ヴィリー・ブラントがホロコースト記念碑の前で跪《ひざまず》いて涙を流した。現在では「ワルシャワの跪き」として記憶されているこの行為は、第二次世界大戦におけるドイツ人の行為に対する、もっとも印象的な謝罪の仕方であった。そして、世界中からドイツ人の贖罪《しょくざい》意識の高さを象徴するものとして語り継がれている。

二〇一四年秋、ドイツを訪問した中国の習近平《しゅうきんぺい》主席は、ブラント首相の行為をことさらに賞賛し、同様に敗戦国である日本が、歴史に対してまったくの反省の意を示さないことを際立たせようとしたのである。習近平主席がブラント首相の例を引き合いに出して狙ったことは、日本に対して国家としての謝罪と、それに伴って出てくる国家としての賠償問題である。

日本国内にも同様な認識があって、日本政府に圧力をかけ続ける勢力も存在する。しかし、ドイツはユダヤ人に対する賠償金を支払っているが、戦争相手国には国家としての謝罪もせず、賠償金は一銭も支払っていない。従って、ブラント氏の行為は国家を代表する首相としてのものではなく、個人的な謝罪ということになるのだ。

現在のドイツはナチスドイツとは別物

実を言うと、贖罪を個人的なものとするのはドイツの戦後処理と深い関わりがある。一つは、戦争を起こしたナチスは選挙で第一党となり、合法的に政権党となったということで、ナチスの政策はドイツ国民の総意ということになる。

しかし、後のニュルンベルグ裁判で、ユダヤ人の虐殺が国策として行なわれていたことが明らかにされたが、当時のドイツ人は、ユダヤ人虐殺をまったく知らされていなかったということになっている。一九八五年に時の大統領ワイツゼッカーが、戦後四〇年を記念したドイツ議会での演説で、虐殺行為は当時の政府であるナチスに責任があるが、それを知らなかったドイツ人個々にも責任があるとした。このことがドイツ人の間では、歴史認識として定着しているのである。

だが、もっとも重要なこととして挙げられるのが、ドイツと日本の敗戦の状況がまったく異なっているという事実である。実はドイツは、日本の降伏と違って、国家として連合国に降伏することが許されなかったのである。

一九四五年四月三十日、ヒットラーはベルリンにある総統府防空壕で、結婚式を挙げたばかりの妻エバ・ブラウンと共に自決した。その二日前、ヒットラーは秘書に口述筆記させた遺書を二通残している。

一つは自分の死後の後継者を指名した「我が政治的遺書」で、ヒットラーが次期総統に選んだ人物は、海軍総司令官デーニッツ元帥であった。他に首相としてゲッペルス宣伝相の名前が示されたが、ゲッペルスは家族と共にヒトラーの防空壕で自決している。もう一つは「我が個人的遺書」で、エバ・ブラウンと結婚することなど、プライベートな問題について書いたものである。

ヒットラーの遺志を継いだデーニッツ元帥は、国防軍総司令部のヨードル大将に命じて、連合軍最高司令官アイゼンハワーとの降伏条件の交渉をさせるため、フランスのランスにあった連合軍最高司令部に向かわせた。

だがアイゼンハワーは、自ら交渉に当たる事を拒否。五月七日、米・英・仏・ソ連の各国軍代表が出席した中で、ヨードル大将と連合国軍参謀長スミス中将との間で、全ドイツ軍の無条件降伏を規定する降伏文書に署名した。

降伏の発動は五月八日と定められている。ところがソ連はいったんは降伏文書に署名したにもかかわらず、ドイツに対してソ連占領下の首都ベルリンで再び降伏文書に正式署名するように要求した。その結果、五月九日にベルリンで再び調印式が行なわれたのだ。この時も米・英・仏・ソ連の各軍代表が参加している。こうしてドイツの降伏は、同じ内容の文書に二回調印が行なわれたわけである。

ソ連は五月九日の文書を、ドイツの降伏が成立する正式のものとしたが、米・英・仏側は五月七日のものを正式だとし、五月九日のものを正式に成立した国際的な約束の批准として取り扱った。こういう事情を反映して、米・英・仏の連合国は、一回目の降伏文書の発動とする、五月八日をVEデー（ヨーロッパ勝利の日）とし、ソ連では五月九日を「対独勝利の日」と定めている。

この降伏が意味するところは、日本と明らかに違っている。まず第一に、ドイツは降伏調印に参加したのは、軍の代表者のみだった。だが、日本では米戦艦ミズーリ艦上の調印に、軍の代表と政府代表が出席し、国家としての「降伏」という国際契約がなされている。

このことが、後のサンフランシスコ平和条約に繋がり、国家として国際社会に復帰することができた。だがドイツの場合は、デーニッツの暫定政権の存在は認められず、軍のみの降伏となっている。さらに暫定政府の代表者となったデーニッツ総統自身が、ドイツ軍の降伏によって、法的には捕虜の扱いだったのである。従って、デーニッツ暫定政権には政府としての当事者能力がなく、政治的な降伏がかなわなかったこととなる。

結局ドイツは、国家が解体されて米・英・仏・ソ連四ヵ国の連合国に征服されてしまった。そして、六月五日には、四ヵ国の占領軍当局が、ドイツの最高統治権を掌握したという声明が出され、ドイツの分割占領と軍政による直接統治が始まったのである。

こうして、ドイツという国家は、いったん消滅したに等しい状態となった。ドイツが主権国家として新たに復活したのは、一九四九年に西ドイツと東ドイツの二つの国家が成立した時点である。第二次世界大戦の敗戦によって連合国に征服されたドイツと、東西二つの新生ドイツの間には、法的な断絶が存在していると言えるのだ。従って、新国家の誕生により、法的にも政治的にも、まったく違った国家が成立したことになるのである。

NATOの都合で再軍備した新生ドイツ

ドイツは継続した国家でなく、日本のように平和条約を結び、領土の帰属、戦時賠償など一切の問題が一括して解決されることがなかった。平和条約がなければ、戦時賠償の一括解決の道がない。従って、独立を回復したドイツは戦後賠償については個別に交渉を行ない、具体的な請求があるたびに対応せざるを得ない。

幸いにしてドイツは、ヨーロッパ各国から、戦時賠償請求権放棄の通告を受けた。これは第一次世界大戦後に、ドイツに対する過酷な戦後賠償金を課したことで第二次世界大戦になった苦い経験があった。また、にわかに具体化したソ連の脅威に、ヨーロッパ全体が対処せざるを得なかったからである。

西ドイツは、日本と違って自主憲法を定め、早急な再軍備がなされた。そしてソ連に対抗するために成立したNATO(北大西洋条約機構)に組み込まれ、徴兵制を伴う軍隊を復活させた。東ドイツもワルソー・パクト(ワルシャワ条約機構)の中で、ソ連式の軍隊を復活させたのである。

このように戦前とはまったく隔絶した、分裂国家として誕生した新生ドイツでは、まったく正反対の方向で、戦後を過ごすこととなった。東ドイツはソ連に賠償を支払わされていたが、西ドイツは国家としての賠償は支払わなくてよかった。これにはアメリカが、荒廃したヨーロッパを経済的に支えるためとして、一九四七年に始まった欧州復興援助であるマーシャルプランで、ヨーロッパ各国を援助し、戦時賠償問題を実質的に解決したためでもある。

ヨーロッパ各国にとっては、ソ連の脅威が最大の問題となっており、東ドイツと直接に国境を接する西ドイツの強化が、喫緊の課題となっていたのである。これがドイツ再統一を経て今日にいたるまで、ドイツが国家対国家の賠償をせず、国家として対戦国に対して謝罪をしていない理由であり、第二次世界大戦に対する贖罪は各個人でするものとした認識にいたった理由である。つまりドイツは、戦後処理の経緯からして、国家として一括賠償するチャンスが与えられなかったのだ。

この点で、日本はドイツと根本的に異なっている。日本は国家として降伏をした。そして一九五一年にサンフランシスコ平和条約を締結することができた。この条約にはソ連と中華民国が加わっていなかったが、ソ連とは領土問題を棚上げし、一九五六年の日ソ共同宣言で、戦争状態の法的終結がなされた。中華民国とも、一九五二年に日華平和条約を締結。その後、中華人民共和国政府を承認し、一九七二年の日中共同声明で戦争の法的終結を確認している。

サンフランシスコ平和条約で連合国は賠償請求権を放棄。ソ連と中華人民共和国政府と交わした文書でも、戦争賠償の請求権の放棄を謳っているのだ。このことは国際法上、第二次世界大戦にかかわる連合国側の一切の賠償請求には、日本が応ずる立場にないことを明確に示している。従って日本は、法的には賠償請求を終了しており、国家として平和条約で一括解決ができないドイツとは異なった立場にあることがわかるだろう。

二〇一五年になって、ギリシャとの間で起きたEU問題の過程で、ギリシャがドイツに戦後賠償請求を持ち出したが、実質上の解決はともあれ、法的に争うとなったら、ドイツは真正面から受けて立たなければならない可能性がある。

意図的か無知なのか、中国と韓国は事ある毎にドイツの例を出して、日本にも適用しようとするが、法的な前提条件を異にする二つの問題を、混同したような論議には応じられないという態度を明確にするべきだろう。にもかかわらず日本政府が、中韓両国にひたすら謝り続けている印象が残るのは、ドイツの過ごしてきた戦後とは大きな違いである。

北方領土問題の原点はソ連の北方四島侵攻への無抵抗にある

一般の日本人に関心を持たれない北方四島問題

アントノフ26双発プロペラ機が、何の前触れもなく降下をはじめた。サハリン（樺太）を出てから約一時間半、そろそろ国後《くなしり》島上空だ。眼下には厚い雲が広がっているが、右手の方には緑色の大地がわずかに覗ける。知床《しれとこ》岬から国後島まで直線距離にして約二五キロメートルしかなく、もし海がなければ歩いてでも行ける距離だ。

現在では稚内《わっかない》からサハリンまでフェリーがあり、羽田空港からユジノ・サハリンスクまでの直行便もあるが、私が初めて北方領土に入った一九九〇年当時は、新潟から飛行機を乗り継いで二泊三日もかかっていた。東京―新潟―ハバロフスク―ユジノ・サハリンスクのメンデレーエフ空港。機上にいる時間はトータルでわずか五時間ほどなのに、飛行機便の関係でハバロフスクとユジノ・サハリンスクで、それぞれ最低一泊はしなければならなかった。

この二泊三日という時間が、日本と北方領土の間に横たわる政治的距離を感じさせた。私自身、二度北方領土を取材し、主に択捉《えとろふ》と国後の島内を廻った。択捉の博物館のような施設には日本時代の生活雑器などが展示され、日本人の痕跡は数多く残っていたが、両島のいたる所で日本の神社などが破壊されており、墓地も荒らされ放題だった。

北海道の北に位置する歯舞《はぼまい》、色丹《しこたん》、国後、択捉の領土問題は、戦後日本のエポックでありながらも、この七〇年の間一般の日本人にはほとんど関心が持たれていない。その大きな原因の一つは、戦争終結の日に関するわれわれの常識にあると言えそうだ。

八月十五日以後に北方四島を占領したソ連

日本人のほとんどは、一九四五年八月十五日に戦争が終わったと信じ込んでいた。ところがソ連政府は八月十五日に千島侵攻を命じた。ソ連軍が日本に戦闘を仕掛け、北方四島が次々と占領されてしまったのである。敗戦で茫然自失になっていた日本国民のほとんどは、敗戦の混乱の中で生きるために必死で、この事件にあまり関心を示さなかった。

その後、紆余曲折はあるが、日本政府は一貫して四島の返還を要求し、ソ連からロシアに変わった現在でも、ロシアはそれを拒み続けるという構図が残っているのである。北方領土問題がここまでこじれた原点にはサンフランシスコ講和条約にあった。

日本領である北方四島

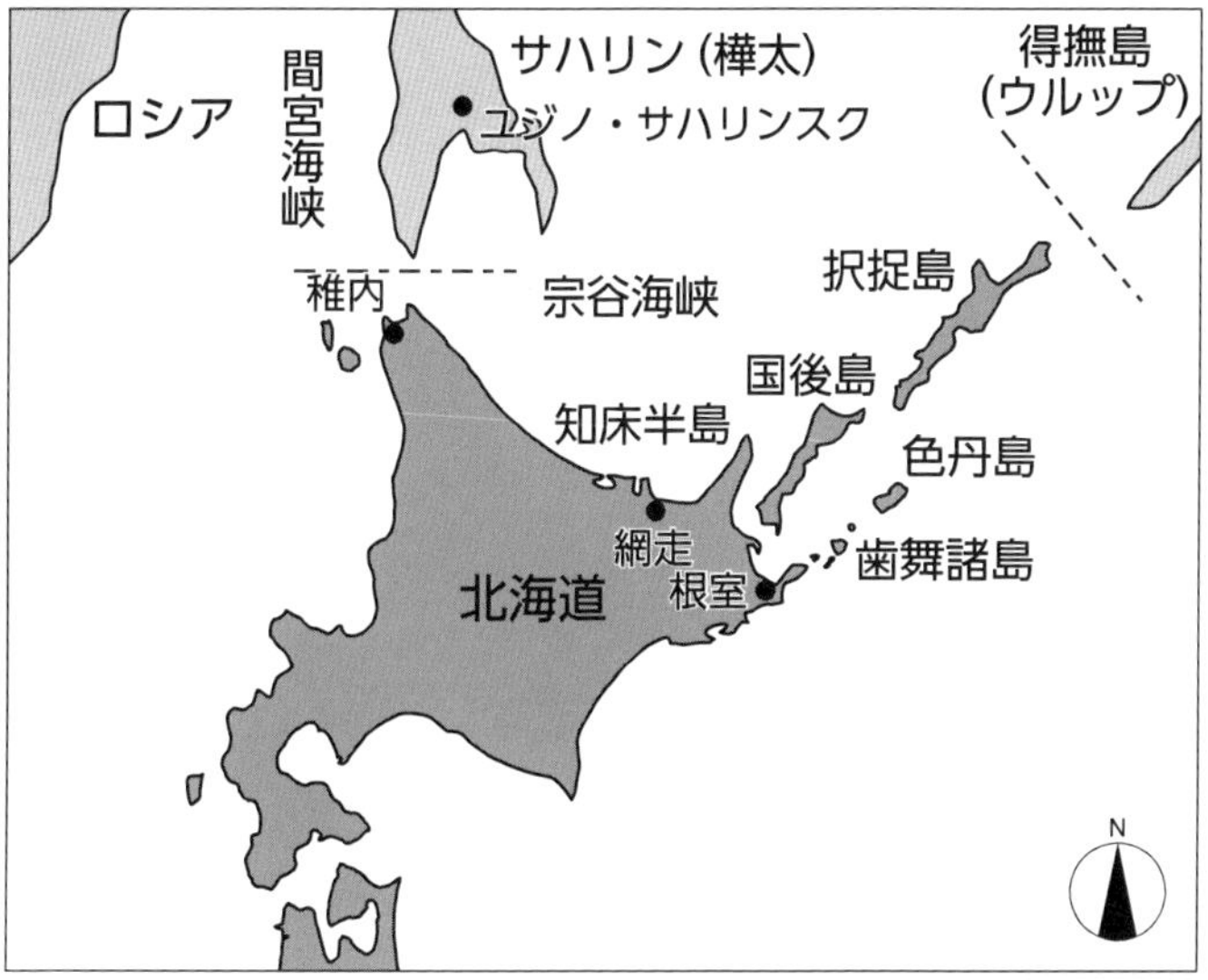

敗戦後の政治的混乱が一応収束し、日本と連合国との間の平和条約締結が政治的課題になると、日本国内ではアメリカを中心とする資本主義諸国との単独講和か、ソ連などの社会主義諸国も含んだ全面講和かという論争が起こった。だが現実には米軍に占領されており、対立を深めている米ソどちらに付くかという議論自体が問題外であった。

当時、ソ連は一九五〇年二月十四日に、国共内戦に勝利して中国大陸を支配した中華人民共和国との間に、中ソ友好同盟相互援助条約を締結。この中で日本軍国主義復活への反対を明記したことで、日本を敵視する態度が明確にされていた。さらに同年六月二十五日に勃発した朝鮮戦争で、日本が米軍（国連軍）の後方支援基地となり、ソ連が中国を通じて間接的に参戦したことで、日本とソ連の関係は悪化の一途をたどった。

また、ソ連が関東軍将兵を抑留し、シベリアなどソ連国内で労働させたことや、日本政府と米軍占領当局がレッドパージにより日本共産党を弾圧し、事実上非合法化したことも、関係正常化の阻害要因となったのである。

ソ連は、アメリカに阻まれて日本の敗戦処理にほとんど関わりを持てず、戦勝国として振る舞えなかったことで、一九五一年九月八日に、サンフランシスコで締結された講和条約に抵抗を示したのである。この講和条約で、日本と西側の連合国との戦争状態は正式に終結したが、講和会議に中国の代表として中華人民共和国を招請しなかったことに反発するソ連は、会議には出席したものの、条約調印は拒否した。

ただし、ソ連も日本との外交関係回復は、戦後処理の政治的・経済的課題として存在しており、一九五三年のスターリン死去と朝鮮戦争の休戦は、西側諸国との関係改善をより積極的に進める要素となった。

また日本にとっては、国際社会復帰を完成させる国際連合加盟には、国際連合安全保障理事会で拒否権を発動するソ連との関係正常化が不可欠であった。対ソ国交回復と国際連合加盟を、中心課題とする鳩山一郎《はとやまいちろう》首相の誕生で、河野一郎《こうのいちろう》農相のモスクワ訪問など交渉再開への道筋が付けられ、日ソ漁業交渉が決着し、国交正常化への地ならしとなった。

日本の北方領土返還交渉に予想外の外圧がかかる

北方領土交渉についてはこれまで幾度となく「外圧」の存在が語られてきた。中でも有名なのが第三次鳩山一郎内閣時の一九五六年、日ソ共同宣言交渉の時にあったとされるアメリカの介入だ。

一九五六年十月十二日、鳩山首相は河野農相などの随行団と共にモスクワを訪問し、フルシチョフ第一書記などとの首脳会談が持たれた。この時、日ソは国交回復と同時に北方領土に関する交渉も行ない、互いの条件をすり合わせていた。この交渉の中で、ソ連側は歯舞、色丹の二島返還という妥協案を出してきた。当時の重光葵《しげみつまもる》外相は、国交回復を急ぐため、二島返還もやむを得ずという考え方に傾きつつあったという。

しかし、これについてアメリカから強烈な警告がなされた。当時の米国務長官ダレスが、もしも、日本が二島案で妥協するなら、アメリカは沖縄を返還しないと述べたとされている。いわゆる「ダレスの恫喝」と言われる警告が発せられたと伝えられている。

当時は米ソ冷戦の真只中であり、日本はアメリカの保護国のような状態であった。アメリカは日本が必要以上にソ連に接近することを警戒したと見られている。

ソ連の妥協案に対して、日本側はこれを拒否し、四島一括返還を主張せざるを得なかった。結局は北方領土に対する妥協点がなく、日ソ間の外交交渉は条約にいたらず、共同宣言となった。

そして十月十九日には、モスクワで鳩山首相とソ連のブルガーニン首相が共同宣言に署名し、十二月十二日に発効した。この宣言でまず国交回復を先行させ、日本側が焦点とする北方領土問題については、平和条約締結後にソ連が歯舞諸島と色丹島を引き渡すという前提で、改めて平和条約の交渉を行なうとされた。

これにより、日ソ両国は戦争状態を終結し、外交関係を回復することになり、日本の国際連合加盟にはソ連も協力することなどが決まり、一九五六年十二月十八日の国際連合総会で、ソ連は他の東欧諸国と共に日本の加盟に賛成し、全会一致による日本の加盟が実現した。

だが、平和条約の締結交渉は、北方領土の全面返還を求める日本と、平和条約締結後の二島返還で決着させようとするソ連の間で妥協点が見出せないまま、開始が延期された。

逆に一九六〇年には、岸信介《きしのぶすけ》内閣が日米安全保障条約改定を行なったことにソ連が反発し、歯舞諸島と色丹島の返還を撤回したため、両国の政治的関係は再び冷却した。その後の日ソの関係は、一九七三年に田中角栄《たなかかくえい》首相がモスクワを訪問するまで、両国の首脳会談は一七年間も開かれなかったのだ。

一九九一年にソ連が崩壊し、一九九三年十月にはロシアのエリツィン大統領が、日本からの経済支援を求めるために来日した。細川護熙《ほそかわもりひろ》首相と東京宣言するにいたったが、ソ連時代に日本と結んだ条約などはロシアが継承することを確認するに留まった。一九九七年十一月には橋本龍太郎《はしもとりゅうたろう》首相とエリツィン大統領が会談したが、二〇〇〇年までに平和条約を締結するように努力するということで終わった。

さらに、一九九八年四月の川奈《かわな》合意では、橋本首相はエリツィン大統領に対して、国境を明確にさせることを提案した。これは国境線を明確にさせることで、北方四島の主権が日本にあることを認めさせるという狙いだった。そして、その年の十一月には小渕恵三《おぶちけいぞう》首相がロシアを訪問したが、日本からの経済協力が話の中心になり、川奈合意の回答として「国境画定委員会」と「共同経済活動委員会」を設立し、ロシアが北方領土問題に柔軟に対応できる環境作りを進めるという抽象的なものだった。

その後も機会があるたびに、森喜朗《もりよしろう》首相や小泉純一郎《こいずみじゅんいちろう》首相がロシアと交渉しているが、何らの進展もないままに終わっている。

二〇一五年四月現在、安倍首相があらゆる機会を捉えて、ロシアのプーチン首相と会談を重ね、プーチン大統領の訪日が約束された。だがロシアは、ウクライナ問題やクリミア半島問題などで西側勢力との対立が激しくなった。日本も西側と立場を同一にしなければならない事情があり、北方領土問題解決は一時棚上げ状態となっている。

このプーチン大統領とのことも、ロシアと対決姿勢を強めつつあるアメリカをはじめとする、さまざまな外圧がかかって来ることが予想され、北方領土交渉は日本外交の正念場となってくるだろう。

日本は中国との間で尖閣諸島を巡る問題があり、中国が実力で現状を変更することに断固として反対している。その論理的帰結からすれば、東ウクライナおよびクリミア半島帰属問題には、ロシアが力による現状変更を強行する状態となっており、日本としてもロシアの現状を容認するわけにはいかなくなってしまったのである。

安倍首相が目標とする「戦後レジーム」からの脱却とは

戦後レジームの根幹は日本国憲法にある

一九四五年九月二日に、正式に日本の降伏が成立し、ポツダム宣言に基づいた占領が始まり、日本国憲法成立など、急速に日本の戦後体制が固まっていった。

これら一連の体制や制度、日本国憲法などの法令を「戦後レジーム（戦後体制）」という言葉で表すことができ、その核心をなしているのが日本国憲法である。

冷戦による東西対立が深まった一九五五年に、日本国内の政治に大変化が起きた。冷戦を反映して保守政党が連立を組み「自由民主党」が生まれ、革新政党も大連合して「日本社会党」を結成。この後の日本の政治は、この二大勢力を中心として戦後政治が展開していった。この当時の政治をごく大雑把に言えば、アメリカを中心とする西側世界の意向は主に自民党が、社会主義寄りの主張は社会党によって主張され、長期にわたって自民党政権が日本の政治を司る状態が続いていく。

当時は現行憲法を、占領下でアメリカから押し付けられたものと反発する勢力もあった。確かに日本国憲法前文の一節に「そもそも国政は、国民の厳粛な信託によるものであって、その権威に由来し、その権力は国民の代表者がこれを行使し、その福利は国民がこれを享受する」とある。これは第十六代アメリカ大統領リンカーンの有名な演説の一節「人民の、人民による、人民のための政治」そのもので、アメリカの民主主義の根幹をなすものだ。日本国民の権利と自由を謳う憲法が、押し付けられたものということを嫌悪し、結成時の自民党は「自主憲法制定」を綱領の中心に掲げていた。だが、この当時は経済優先政策が現実的課題であり、「戦後レジーム」の核である憲法には手を付けることができなかったのである。

また、憲法に手を付けられない切実な事情があった。それは戦争放棄を謳った憲法九条によって、日本は軍事費にさほど予算をかけず、経済復興にその資源の大半を傾注できたことだ。言うなれば歴代の自民党政権は、憲法九条を利用して政権維持を図っていたということになる。

憲法の見直しを目指す安倍政権

一九九一年にソ連が崩壊して冷戦構造が終結したものの、中国の軍事的・経済的台頭、北朝鮮の核・ミサイル開発が進行し、逆にアメリカの軍事プレゼンスが低下してきた。

この状況の中、冷戦下で効果があった「戦後レジーム」が、制度疲労を起こしているのが明らかになってきた。つまり、安全保障をアメリカに委ねて、自衛隊はその補佐だけやればいいという時代ではなくなったのである。

このような状況を捉え、改革を試みようとするのが安倍晋三《あべしんぞう》内閣が推し進めようとしている「戦後レジームからの脱却」である。この戦後レジームからの脱却とは、現在の日本の基本的枠組みの多くが、時代の変化に付いていけなくなったことから、憲法改正をはじめとした改革を行なうということである。

第一次安倍内閣では「戦後レジーム」を「憲法を頂点とした行政システム、教育、経済、雇用、国と地方の関係、外交・安全保障などの基本的枠組み」と定義していた。これを簡略に言えば「この国を形作る憲法や教育基本法などは、GHQ占領時代に制定されたまま半世紀以上経ったもの」ということで、GHQの占領時代に作られた憲法や教育、特に集団的自衛権行使の有無を含む安全保障などの基本的枠組みの多くが、現代の変化に付いていけなくなっているので、それを脱却（見直す）するということだ。その見直しの頂点が憲法改正である。

二〇一四年の暮れに行なわれた第四七回衆議院議員総選挙で、自民党が総議席四七五議席のうち二九一議席を得て完勝。連立政権を組む公明党の三五議席を合わせると、総議席の三分の二を優に超え、第三次安倍内閣は、衆参両院とも安定多数を擁した。このことは、思い切った改革を成し得る強い政権を手にしたことになり、中長期的な政策が実現可能となったということである。

安倍首相は選挙結果が判明した記者会見で、政権のやるべき課題について「まず経済を強くすること。強い経済があってこそ、強力な外交・安全保障ができる」と言っている。この発言は、アベノミクスの経済政策は強い外交・安全保障を実現するための手段であり、総合的な目標は「戦後レジームからの脱却」にあるとの位置付けを示したものだろう。

しかし安倍首相は、これらの核心的問題を選挙の争点から外していた。選挙にあたり自民党が発表した「重点政策集二〇一四」では、経済政策を表面に出し、安倍首相が最重要視してきた憲法改正は、最後の項目でさりげなく簡単に触れているだけである。安倍首相が強い意欲を示す集団的自衛権についても、自民党の公約は「安全保障法制を速やかに整備する」と触れただけであった。その公約に基づいた形で、特定秘密保護法の成立や集団的自衛権行使のための憲法解釈変更の閣議決定を経て、議会を解散し総選挙を実施した。

これらの事実をトレースしていけば、当時の各メディアが言ったような突然の解散ではなく、公約の文言などに気を配りながら、長期にわたって解散の時期を調整していたと言えるのだ。その意味で今回の選挙は、真の狙いを隠蔽したままで解散という、安倍政権の政治戦略が大いなる効果を発揮した。

集団的自衛権は米軍の軍事プレゼンス低下による

二〇一五年の国会では、与党の圧倒的多数を背景に、集団的自衛権行使に関する法律制定が焦点となる。これは安倍政権が唱えている「積極的平和主義」とセットになっていると考えるべきだ。

集団的自衛権は、まず第一に日米同盟の問題であり、第二に日本の安全保障の問題であり、第三に東アジアおよびアジア全体の安全保障の問題と必然的に拡大していく。このことを前提にすれば、日本の安全保障政策が、日米安保の実質的な範囲内では現状にはそぐわなくなるだろう。まして米軍のアジアにおける軍事プレゼンスは低下の一途にあり、昨今のオバマ政権の在りようからすれば、その回復も期待できないのが実情だろう。

そこで出てきたのが安倍政権の「積極的平和主義」だ。安倍首相は外遊を盛んに行ない、安全保障政策における協力関係を各国首脳と協議してきた。この発想を基にすれば、価値観を共にする国家群が共同で安全保障政策の実効性を高め、平和の構築を積極的に推し進めていく外交と防衛が、一体となった安全保障政策の遂行ということになる。

これは北朝鮮の核武装化、中国の目覚ましい軍拡と、それに伴う東シナ海・南シナ海での軍事プレゼンス拡大を背景とした、状況の変化に対応していくものだ。

集団的自衛権を巡るさまざまな主観を排し、国際関係の分析に基づく安全保障論として考えれば、集団的自衛権は本質的には米軍を支える日本の役割を強化することであり、沖縄の米軍基地問題も集団的自衛権の問題と深く関連していることが見えてくる。

換言すれば、集団的自衛権で日米同盟が強化され、一方でアジアでの集団的安全保障網の構築で、日本の安全保障上の役割が高まれば、相対的に米軍を支える日本の負担を軽減することになり、沖縄の負担軽減にも繋がってくる。事実、オーストラリアは米海兵隊の駐留ローテーションを受け入れ、これには沖縄駐留の海兵隊も含まれ、実質的には沖縄米軍基地負担軽減に繋がっているのだ。安倍政権は、オーストラリアとの安全保障対話を進め、日本が開発した最新鋭潜水艦技術の移転も視野に入れた防衛協力交渉も進捗している。

普天間《ふてんま》基地の辺野古《へのこ》への移設問題が進展しない大きな理由の一つは、辺野古への移設以降に、沖縄の負担が軽減されていく見通しが立たないことにある。オーストラリアの例にもあるように、その具体的な解決手段として、集団的自衛権を前提とした集団的安全保障網による日本の役割強化の側面を論理的に説明していく必要があるだろう。

その論理の先にはオーストラリア、韓国、フィリピン、インドなどとの安全保障協力が必要である。これらの国との二国間協力を深めることは大切だが、より重要なのは多国間協力だ。東アジアおよびアジア全体の秩序安定のために、日本が集団的自衛権行使を前提に、オーストラリアや韓国と安全保障政策を共有・分担し具体化していけば、アメリカのプレゼンスを共同負担することが可能となってくる。

米軍は日本にとっては圧倒的な存在だが、東アジア地域の共有財となり、日米安保条約もアジア全体の共有財的存在となれば、日本がフリーハンドになる余地が拡大してくる。この多国間協力の枠組みの中で、日本が対米協力へのバランスを採れる可能性も出てくるのだ。ここで安倍首相が言う、アメリカ主導で日本の安全保障・政治・経済全般が決定付けられる「戦後レジームからの脱却」の道筋が見えてくる。

二〇一四年の選挙の結果、政府与党は参院で否決されても、再可決ができることとなり、集団的自衛権行使の関連法案は与党の思惑通りに可決できるようになった。

二〇一五年の国会で成立するであろう集団的自衛権行使の法制化は、政権の目標達成にいたる重要な一歩であることが浮き彫りになってくるだろう。政権側としては、できるだけ早期に法整備し「戦後レジームからの脱却」に道筋を付ける。その後、二〇一六年七月の参議院選挙に向けて経済政策に道筋を付け、参議院選挙で三分の二となる一六二議席獲得に成功すれば、憲法改正の発議が可能になる。

こう考えてみると、マスコミが名付けた「アベノミクス」を、単に経済政策に限定して考えると本質を見誤ることとなる。ノミクスの語源はギリシャ語のnomos（習慣、法律）にあり、英語表記でnomicとされ、主としてeco（経済、環境）と結び付けてeconomic（経済上の）として用いられている。

アベノミクスはエコノミクスとの関連で作られた造語であり、元々は経済だけではなく安倍体制もしくは安倍の法律という意味になる。安倍首相本人が意識したかどうかは知る由もないが、語源に沿った「安倍体制」に向かって着実に進んでいると言えるだろう。

参考文献

半藤一利著『日本のいちばん長い日―運命の八月十五日―』（文藝春秋）／小森陽一著『天皇の玉音放送』（五月書房）／小菅信子著『戦後和解―日本は〈過去〉から解き放たれるのか―』（中央公論新社）／中村政則ほか編『世界史のなかの一九四五年』（岩波書店）／森山康平『図説日中戦争』（河出書房新社）／秦郁彦著『裕仁天皇五つの決断』（講談社）／防衛庁戦史室編『大本営陸軍部〈10〉』（朝雲新聞社）／防衛庁防衛研修所戦史室編　戦史叢書『昭和二十年の支那派遣軍1〜2』（朝雲新聞社）／秦郁彦著『日中戦争史』（河出書房新社）／藤田久一著『戦争犯罪とは何か』（岩波新書）／イアン・ブルマ著　石井信平訳『戦争の記憶―日本人とドイツ人』（TBSブリタニカ）／細谷千博著『サンフランシスコ講和への道』（中央公論新社）／清水美和著『中国はなぜ「反日」になったか』（文春新書）／東京裁判ハンドブック編集委員会編『東京裁判ハンドブック』（青木書店）／粟屋憲太郎・NHK取材班編『東京裁判への道』（NHK出版）／ウィリアム・H・マクニール著　高橋均訳『戦争の世界史上・下』（中央公論新社）／永田実著『マーシャル・プラン』（中公新書）／ウイリアム・ウッドラフ著　千本祥子訳『現代を読む―世界近代史―』（TBSブリタニカ）／永井陽之助著『平和の代償』（中央公論新社）／松本利秋著『防衛は誰がために』（廣済堂出版）／池田智・松本利秋共著『早わかりアメリカ』（日本実業出版社）／加藤陽三著『私録・自衛隊史』（政治月報社）／永井陽之助編『二十世紀の遺産』（文藝春秋）／色摩力夫著『日本人はなぜ終戦の日付をまちがえたのか』（黙出版）／デイヴィッド・ハルバースタム著　山田耕介・山田侑平訳『朝鮮戦争上・下』（文藝春秋）／ロバート・S・マクナマラ著　仙名紀訳『冷戦を超えて』（早川書房）／古川愛哲著『「八月十五日」は終戦記念日ではなかった』（K.K.ベストセラーズ）／秦郁彦著『昭和史の謎を追う上・下』（文藝春秋）／永井陽之助著『現代と戦略』（文藝春秋）／林英一著『残留日本兵―アジアに生きた一万人の戦後―』（中公新書）／太平洋戦争研究会編著『面白いほどよくわかる太平洋戦争』（日本文芸社）／小野田寛郎著『わがルバン島の30年戦争』（講談社）／津田信著『小野田少尉との三ヵ月―幻想の英雄』（図書出版社）／上原卓著『北海道を守った占守島の戦い』（祥伝社新書）／阿尾博政著『自衛隊秘密諜報機関』（講談社）／中村祐悦著『白団』（芙蓉書房出版）

著者略歴

松本利秋（まつもと・としあき）

1947年高知県安芸郡生まれ。1971年明治大学政治経済学部政治学科卒業。国士舘大学大学院政治学研究科修士課程修了、政治学修士、国士舘大学政経学部政治学科講師。ジャーナリストとしてアメリカ、アフガニスタン、パキスタン、エジプト、カンボジア、ラオス、北方領土などの紛争地帯を取材。TV、新聞、雑誌のコメンテイター、各種企業、省庁などで講演。著書に『戦争民営化』（祥伝社）、『国際テロファイル』（かや書房）、『「極東危機」の最前線』（廣済堂出版）、『軍事同盟・日米安保条約』（クレスト社）、『「逆さ地図」で読み解く世界情勢の本質』（小社刊）、共著に『早わかりアメリカ』（日本実業出版社）など多数。

【大活字版】

日本人《にほんじん》だけが知《し》らない「終戦《しゅうせん》」の真実《しんじつ》

2019年1月15日 初版第1刷発行

著　者：松本利秋《まつもととしあき》

発行者：小川 淳
発行所：SBクリエイティブ株式会社
〒106-0032 東京都港区六本木 2-4-5
電話：03-5549-1201（営業部）

装　幀：ブックウォール
組　版：有限会社フレッシュ・アップ・スタジオ
地図作製：グループ・イストゥワールF2
印刷・製本：大日本印刷株式会社

本書は以下の書籍の同一内容、大活字版です
SB新書「日本人だけが知らない「終戦」の真実」

ISBN 978-4-7973-9963-9